Handwerkszeug
Grammatik

Satzglieder

Astrid Grabe • Andrea Mucha

Verlag an der Ruhr

Impressum

Titel: Handwerkszeug Grammatik
Satzglieder
Autorinnen: Astrid Grabe, Andrea Mucha
Illustrationen: Eva Spanjardt
Druck: Druckerei Uwe Nolte, Iserlohn
Verlag: **Verlag an der Ruhr**
Alexanderstraße 54 – 45472 Mülheim an der Ruhr
Postfach 10 22 51 – 45422 Mülheim an der Ruhr
Tel.: 0208/439 54 50 – Fax: 0208/439 54 39
E-Mail: info@verlagruhr.de
www.verlagruhr.de

ISBN 3-86072-959-4

geeignet für die Klasse 1 2 **3** **4** 5

Ein weiterer Titel aus dieser Reihe:
Handwerkszeug Grammatik
Wort und Wortarten
Kl. 2–3, 69 S., A4, Papph.
ISBN 3-86072-969-1
Best.-Nr. 2969
18,50 € (D)/19,– € (A)/32,40 CHF

Ein weiterer Beitrag zum Umweltschutz:

Das Papier, auf das dieser Titel gedruckt ist, hat ca. ***50% Altpapieranteil,*** *der Rest sind* ***chlorfrei*** *gebleichte Primärfasern.*

Die Schreibweise der Texte folgt der reformierten Rechtschreibung.

Inhaltsverzeichnis

Liebe Kolleginnen und Kollegen,

im Sprachunterricht der Grundschulen und auch der weiterführenden Schulen lernen die Kinder unter anderem, **Satzglieder zu erkennen und zu bestimmen.** Da das abstrakte Denken bei Grundschülern nur angebahnt werden kann, darf Grammatikunterricht **nicht losgelöst vom Sprachganzen** betrachtet werden: **Es geht nicht um reines Wissen und Anwenden von Regeln.**
Durch das vorliegende Übungsmaterial sollen die Kinder die Möglichkeit erhalten, **Einsichten in die Gesetzmäßigkeiten der Sprache** zu erlangen und **neue sprachliche Mittel** kennen zu lernen (z.B. das Umstellen von Satzgliedern). Sie erweitern so ihre Ausdrucksmöglichkeiten und erkennen, welche Rolle die einzelnen Satzglieder im Satz einnehmen. Die Beschäftigung mit den Satzgliedern erfordert von den Kindern eine hohe Konzentration. Aus diesem Grund haben wir unsere Übungen **überwiegend in Rätselform** eingebunden. Sie stellen damit ein **Sprachganzes** dar und helfen den Kindern „am Ball zu bleiben", da diese gespannt auf die Lösung sind. Die Materialien dieser Mappe haben wir in unseren eigenen Klassen (in der 3. Klasse, 2. Halbjahr, und in der 4. Klasse) im Bereich **„Sprache untersuchen"** eingesetzt.

Worum geht es in dieser Mappe?

Das Übungsmaterial, das in dieser Mappe zusammengefasst ist, **kann keinesfalls das Lernen in einem praktischen Zusammenhang ersetzen**.
Es stellt lediglich eine Hilfe bzw. Ergänzung dar, um die Regeln zu üben und zu automatisieren, die für die Grundschule und Sekundarstufe 1 relevant sind. Es geht vor allem darum, dass die Kinder zunehmend **sicherer im Umgang mit sprachlichen Mitteln** werden, sowohl im mündlichen als auch im schriftlichen Sprachgebrauch. Die Kartei ist als **Freiarbeitsmaterial oder als Kopiervorlage*** gedacht. Mit dem Material können die Kinder grundlegende Elemente der Grammatik (Satzglieder) üben.

*Kopieren des Materials ist nur erlaubt, wenn Sie Besitzer der Originalausgabe dieser Materialien sind und nicht einer kopierten Version.

Unsere Idee war dabei, dieses eigentlich eher trockene Thema mal „etwas anders" aufzubereiten. Als Einführung sind die Übungen sicherlich zu anspruchsvoll; sie sollten von Ihnen eher zur Festigung eingesetzt werden. Das Material lässt sich **unabhängig vom jeweiligen Unterrichtsthema** verwenden. Die einzelnen Übungen selbst haben jedoch verschiedene Themenbereiche als Schwerpunkt. Unsere Motivation lag darin, für die Kinder ein ansprechendes Übungsmaterial zusammenzustellen, das eine gezielte Übung auf einem angemessenen Niveau ermöglicht.

Zum Aufbau der Materialien

Diese Mappe besteht aus **sieben verschiedenen Übungsangeboten**, die sowohl in ihrer Inhaltlichkeit und Methodik als auch im Anspruch verschieden sind. Die Überschriften der verschiedenen Bereiche geben jeweils an, was schwerpunktmäßig geübt wird:

⇨ Märchenhaftes Durcheinander
– Das Subjekt zeigt den Weg
⇨ Teste deine Persönlichkeit
– Das Prädikat verrät eine Menge!
⇨ Falsche Fährte?!
– Das Akkusativ-Objekt zeigt die Lösung
⇨ Auf heißer Spur!
– Das Dativ-Objekt ist des Rätsels Lösung
⇨ Zur richtigen Zeit am richtigen Ort?!
– Orts- und Zeitangaben
⇨ Knack den Satz
– Die Satzglieder verraten dir das Geheimnis
⇨ Klarer Fall?!
– Satzglieder erfragen

Zu den einzelnen Bereichen gibt es jeweils sechs Themen, die alle einer Grundstruktur folgen: **Anleitung** ⇨ **Tipp** ⇨ **Aufgabe** und ⇨ **Lösung bzw. Lösungshilfe.**
Auf den Tipp-Karten sind noch einmal alle wesentlichen Punkte für das erfolgreiche Bestimmen der Satzglieder kurz und übersichtlich zusammengefasst. Der Kartenumfang zu den einzelnen Bereichen fällt verschieden aus.
So gibt es z.B. für den Persönlichkeitstest zusätzlich noch einen **Auswertungsbogen**.

Die Übungen zu Orts- und Zeitangaben enthalten **zwei Tippkarten** (für Ort und Zeit). Die Übung „Knack den Satz“ lässt zwei **verschiedene Aufgabenstellungen** zu. Daher gibt es **zwei Anleitungs- und Aufgabenkarten.**

Auf dem **Arbeitspass** können die Kinder die bearbeiteten Aufträge abhaken. Sie haben so einen Überblick über die geleistete Arbeit.

Wir haben in diesem Fall ganz bewusst darauf **verzichtet, weitere Satzglieder miteinzubeziehen** (Bestimmung des Umstandes/Bestimmung der Art und Weise), da die Materialien überwiegend für den Einsatz in der Grundschule gedacht sind.
Unserer Ansicht nach ist eine tiefergehende Bearbeitung eher Aufgabe der weiterführenden Schulen und noch zu kompliziert für Grundschüler. Wir halten die in dieser Mappe zu bearbeitenden Übungsbereiche für eine gute Grundlage.

Wie funktionieren die Übungen?

1. Märchenhaftes Durcheinander – **Das Subjekt zeigt den Weg**

■ ***Wie ist die Übung aufgebaut?***

In ungeordneter Reihenfolge wird hier in wenigen Sätzen ein bekanntes Märchen erzählt. Die verschiedenen Satzglieder der einzelnen Sätze sind mit Ziffern gekennzeichnet. Durch das Bestimmen der einzelnen Subjekte können die Kinder den Text in die richtige Reihenfolge bringen, weil die hier angegebene Ziffer auf den nächsten folgenden Satz hinweist. Wird ein falsches Satzglied als Subjekt bestimmt, macht der Text keinen Sinn. Auf diese Weise ergibt sich eine Selbstkontrolle.

■ ***... und so geht es ...***

Als Übungsaufgabe schreiben die Kinder die jeweils passende „Wer-oder-Was-Frage“ auf. Auf der Lösungskarte sind die Fragen zur Kontrolle noch einmal in der richtigen Reihenfolge aufgelistet.
Um die ganze Sache ein wenig interessanter zu gestalten, haben wir den Schluss des Märchens ein wenig abgewandelt, sozusagen ein wenig modernisiert. Auf diese Weise können die Kinder auch nicht so gut schummeln, falls sie das Märchen sehr gut kennen.

2. Teste deine Persönlichkeit – **Das Prädikat verrät eine Menge!**

■ ***Wie ist die Übung aufgebaut?***

Hierbei handelt es sich um einen (natürlich nicht wissenschaftlichen) Persönlichkeitstest (Welcher Schülertyp bist du? Hast du das Zeug zum Rockstar? Bist du ein Abenteurer? ...). Es wird eine Situation vorgegeben, auf die es verschiedene Antworten gibt. Allerdings fehlt in den jeweiligen Antworten das Prädikat an der richtigen Stelle und wird am Ende des Satzes nur in der Grundform angegeben.
Das Prädikat als Satzgegenstand macht einen Satz erst sinnvoll.
So müssen die Schüler nach dem Prädikat fragen: „Was mache ich?“ oder „Was passiert?“.

■ ***... und so geht es ...***

Die Aufgabe der Kinder besteht darin:
1. das Prädikat in die richtige Personalform zu „übersetzen“ und
2. das Prädikat an der richtigen Stelle im Satz einzufügen.

Aus diesem Grund haben wir auch bewusst keine Lücke vorgegeben. Die Antwort, die die Kinder für sich als zutreffend heraussuchen, schreiben sie auf. Anschließend können sie die jeweiligen Punkte addieren und mit den einzelnen Typen des Auswertungsbogens abgleichen. Die Auswertung hat natürlich keinen Übungseffekt, sondern ist einfach als Motivations- bzw. Spaßfaktor gedacht.
Für den Persönlichkeitstest sind sicherlich zwei Vorgehensweisen denkbar: Entweder wählen die Schüler den geeigneten Satz oder sie überlegen, welche Antworten sich z.B. ein Superschüler heraussuchen würde.

© Verlag an der Ruhr • 45422 Mülheim an der Ruhr • www.verlagruhr.de • ISBN 3-86072-959-4

3. Falsche Fährte?! – **Das Akkusativ-Objekt zeigt die Lösung**

■ ***Wie ist die Übung aufgebaut?***

Inhaltlich sind die einzelnen Sätze dem „Sachtext-Bereich“ zuzuordnen. Jeweils zu einem Oberthema (z.B. „Alles, was sticht – Igel, Stachelschwein oder Biene“) werden in jedem Satz bestimmte Hinweise auf ein gesuchtes Tier verraten. Jedoch nur die Sätze, die ein Akkusativobjekt enthalten, geben letztlich die richtigen Hinweise auf das gesuchte Tier.
Da alle beschriebenen Tiere mindestens eine Ähnlichkeit aufweisen, können die Kinder auch nicht schummeln: Erst die Summe aller Sätze, in denen ein Akkusativobjekt vorkommt, macht die Lösung des Rätsels möglich.

■ ***... und so geht es ...***

Als Übungsaufgabe schreiben die Kinder die jeweils passende „Wen-oder-Was-Frage“ auf. Hierdurch erlangen sie Aufschluss über das gesuchte Tier.
Auf der Lösungskarte sind die Fragen nach dem Akkusativobjekt zur Kontrolle noch einmal aufgelistet. Außerdem ist die passende Antwort angegeben.
Um die Aufgabe zu vereinfachen, erscheint es sinnvoll, die gefundenen Akkusativobjekte zunächst zu markieren und erst anschließend die passende Wen-oder-Was-Frage zu notieren.

4. Auf heißer Spur! – **Das Dativ-Objekt ist des Rätsels Lösung**

■ ***Wie ist die Übung aufgebaut?***

In diesen Texten wird eine bestimmte Begebenheit geschildert, die auf eine Rätselfrage hinausläuft.
In einigen Sätzen (auch hier nicht in allen) kommt ein Dativobjekt vor.
Die Kinder bestimmen dieses und tragen es vollständig in das Kreuzworträtsel ein. Ist alles richtig, ergibt sich dadurch ein Lösungswort, das Antwort auf die im Text gestellte Frage gibt.

■ ***... und so geht es ...***

Ähnlich wie bei dem vorherigen Kapitel schreiben die Kinder auch hier die passende „Wem-Frage“ auf. Auf der Lösungskarte sind die Fragen nach dem Dativobjekt zur Kontrolle noch einmal aufgelistet. Auf der Suche nach den Dativobjekten üben die Kinder zusätzlich die Arbeitstechnik des Markierens.

5. Zur richtigen Zeit am richtigen Ort? – **Orts- und Zeitangaben**

■ ***Wie ist die Übung aufgebaut?***

Wir haben uns entschieden, diese beiden Themenbereiche zusammenzufassen, da die Bestimmung der Orts- und Zeitangaben den Kindern eigentlich mit am leichtesten fällt. Daher würden unserer Meinung nach zu viele Arbeitskarten sehr schnell langweilig werden. Den Texten, die in Gedichtform verfasst sind, fehlen eine passende Orts- bzw. Zeitangabe.

■ ***... und so geht es ...***

Die Kinder schreiben das Gedicht ab und vervollständigen es durch entsprechende Zeit- oder Ortsangaben. So bleibt noch ein wenig Kreativität erhalten. Die Lösungshilfe bietet aber Vorschläge an.

6. Knack den Satz – **Die Satzglieder verraten dir das Geheimnis**

■ ***Wie ist die Übung aufgebaut?***

In diesem Kapitel geht es um die Umstellprobe als Hilfsmittel zum Erkennen von Satzteilen, die zusammengehören. Es sind einzelne Wörter vorgegeben, aus denen die Kinder einen sinnvollen Satz bilden sollen. Haben die Kinder alle Wörter zu sinnvollen Sätzen zusammengesetzt, ergibt sich als Lösung eine ihnen bekannte Figur aus der Literatur oder aus dem Fernsehen.

■ ***... und so geht es ...***

Bei diesem Übungsbereich sind zwei verschiedene Vorgehensweisen denkbar:

a) Beginnt man im Unterricht mit der Erarbeitung von Satzgliedern, müssen die Kinder zunächst ein Gespür dafür entwickeln, was eigentlich ein Satzglied ist (in Abgrenzung zu der Wortebene). Die Kinder bauen aus den vorgegebenen Wörtern sinnvolle Sätze und schreiben sie auf.

Anschließend führen sie die Umstellprobe durch und kreisen die gefundenen Satzteile ein.
Sollten Sie sich für diese Vorgehensweise entscheiden, benötigen die Kinder nur den Text und überprüfen anschließend mit der Lösungskarte.

b) Sind die Kinder schon sehr geübt im Bestimmen von Satzgliedern, bietet sich der zweite Weg an: Hier lautet die Aufgabe, den Satz nach bestimmten Vorgaben zusammenzusetzen.
Die Kinder benötigen in diesem Fall den Text, den Satzbauplan und überprüfen anschließend mit der Lösungskarte.

Für welchen Weg sie sich für Ihre Klasse entscheiden, liegt also ganz bei Ihnen.
Die Kinder erkennen sicher leicht, um welche berühmte Persönlichkeit es geht, da in den Sätzen die wesentlichen Erkennungsmerkmale aufgeführt sind. Auf der Lösungskarte ist die gesuchte Person aber auch noch einmal genannt.

7. Klarer Fall?! – **Satzglieder erfragen**

■ ***Wie ist die Übung aufgebaut?***
Da in dieser Übung verschiedene Satzglieder bestimmt werden sollen, können die Kinder zeigen, wie sicher sie bereits im Erkennen von Satzteilen sind. Hintergrund ist in dieser Übung jeweils ein Kriminalfall, bei dem die Kinder die Position von „Kommissar Clever" einnehmen.
Sie erfragen Satzglieder, die in der Antwort des Gehilfen „ Wim" unterstrichen sind. Indem sich die Kinder durch den Kriminalfall fragen, wird ihnen die Lösung des Falls nach und nach klarer werden, denn in jedem Fall steckt ein Widerspruch, der zur Lösung führt. Da Kinder gern in die Rolle eines Sherlock Holmes schlüpfen, lösten auch die Kinder unserer Klassen diese Fälle sehr gerne und machten sie sogar freiwillig als Hausaufgabe.

■ ***... und so geht es ...***
Die Kinder formulieren zu den unterstrichenen Satzgliedern die passenden Fragen und notieren sie für Kommissar Clever.
Den Kindern werden auf separaten Karten sowohl die passenden Fragen als auch die Auflösung des Kriminalfalls genannt. So können die Kinder prüfen, ob sie mit ihrer Vermutung richtig liegen.
Welcher Satz wurde den Tätern zum Verhängnis?

■ ***Kleiner TIPP:***
Da die Aufgabenkarten im DIN-A5-Format vorliegen, ist auf den Karten selbst zu wenig Platz, um die Fragen direkt auf die Karte zu schreiben. Die Kinder müssen in diesem Fall ins Heft schreiben.
Andernfalls lassen sich die Aufgabenkarten aber auch leicht auf DIN-A4-Format vergrößern (141 %).

Wie kann die Mappe im Unterricht eingesetzt werden?

Dieses Material lässt sich, unserer Meinung nach, **ab dem 2. Halbjahr der dritten Klasse einsetzen**, da sich bei der Auswahl der einzelnen Übungen **differenzieren** lässt. Sie können also selbst entscheiden, welche Übungsform sie für einzelne Schüler für angemessen halten. Es bleibt zu überlegen, wie weit die Kinder schon sind und welche Übungen sie bereits eigenständig bearbeiten können. In einem **dritten Schuljahr** steht die Bestimmung der Satzglieder noch am Anfang, so dass hier sicherlich überlegt werden muss, inwieweit sich die Übungen schon einsetzen lassen. In einem **vierten Schuljahr** können die Kinder dagegen schon viel eigenständiger mit dem Material arbeiten. Zudem lässt sich das Material sicher auch für **höhere Klassen** einsetzen.
Im Grunde lässt sich das Material sehr flexibel in den Unterricht integrieren:
Einzelne Arbeitskarten können als Kopiervorlagen genutzt werden und lassen sich beispielsweise im Rahmen von **Wochenplan- oder Freiarbeit** nutzen. Auch als **Hausaufgabe** lassen sich die Übungen einsetzen. Angelegt ist das Übungsmaterial jedoch als **Kartei**, mit der die Kinder eigenverantwortlich arbeiten können, da eine Eigenkontrolle

bei allen Übungen möglich ist. In diesem Fall sind **folgende Vorbereitungen** zu treffen:
Damit die Karten mehrere Male benutzt werden können, sollten diese entweder laminiert oder (kostengünstiger) einfach in DIN-A5-Klarsichthüllen gesteckt werden. Auf diese Weise können die Schüler mit abwaschbarem Folienstift arbeiten.
Die Vorteile bei einer Karteiarbeit liegen sicherlich auch in dem geringen Material- und Kopieraufwand. Der Arbeitspass muss für jedes Kind kopiert werden. Die Tipp-Karten sollten in mehrfacher Ausführung bereitgestellt werden.

■ ***Kleiner Tipp:***
Viele Klassen führen für den Bereich Sprache ein Regelheft. Benutzt man hierfür kein Heft, sondern einen Schnellhefter, so lassen sich dort auch die Tippkarten für die Satzgliedbestimmung (geheftet mit einem Heftstreifen) aufbewahren.
Sie sind somit immer griffbereit. Sind alle Themenbereiche im Unterricht behandelt, haben die Kinder anschließend ein „Rezeptbuch" zum Erkennen von Satzgliedern, das ihnen sicherlich auch auf der weiterführenden Schule nützlich sein kann.

Zur Organisation der Materialien im Unterricht ...

Wenn Sie das Material als Kartei einsetzen wollen, empfiehlt sich zur Aufbewahrung der Kartei natürlich ein entsprechender Karteikasten. Als kostengünstigere Alternative ist aber auch ein kleiner Aktenordner, eine Faltschachtel aus Pappe oder auch eine Fotobox möglich. Zur übersichtlichen Unterteilung der verschiedenen Übungen lassen sich gut farbige Pappen (etwas größer geschnitten als DIN-A5-Format und evtl. laminiert) als Trennwände einsetzen. Damit die Kinder die Arbeitsaufträge noch einmal nachlesen können, stehen diese auf einer separaten Karte, die vor die eigentliche Aufgabe gestellt werden kann.

■ ***Kleiner Tipp:***
Die Übungskarten eines Arbeitsbereichs lassen sich auch gut in separaten DIN-A5-Ordnern aufbewahren. Auf diese Weise wird die Handhabung etwas entzerrt und übersichtlicher.

Bei der Arbeit mit diesem Material wünschen wir Ihnen und Ihrer Klasse viel Spaß!

Arbeits-Pass

Name: **erledigt am:** **kontrolliert von:**

○ „Dornröschen“ mal anders!	○ Welcher Schülertyp bist du?	○ Alles, was springt: Frosch, Känguru oder Floh	○ Wem gehört Schloss Eckstein?	○ Krabbensalat?!	○ Echt frech!	○ Einbruch im Museum
○ „Hänsel und Gretel“ mal anders!	○ Hast du das Zeug zum Rockstar?	○ Alles, was jagt: Löwe, Leopard oder Tiger	○ Wem gehört das mutterlose Ei?	○ Auf den Hund gekommen!	○ Echt zauberhaft!	○ Brandstiftung im Textilhaus Schneider
○ „Schneewittchen“ mal anders!	○ Bist du eine Leseratte?	○ Alles, was sticht: Igel, Stachelschwein oder Biene	○ Wem schreibt Anna einen Liebesbrief?	○ Durcheinander!	○ Echt schlau!	○ Geldtransport
○ „Die Prinzessin auf der Erbse“ mal anders!	○ Bist du ein Abenteurer?	○ Alles, was schwimmt: Delfin, Seehund oder Wal	○ Wem traut Direktor Schneider nicht?	○ Zahnarztbesuch	○ Echt super!	○ Einbruch in der Apotheke
○ „Rotkäppchen“ mal anders!	○ Bist du der geborene Schauspieler?	○ Alles, was kriecht: Schlange, Regenwurm oder Schnecke	○ Wem schenkt Mark einen Blumenstrauß?	○ Verschlafen!	○ Echt tierisch!	○ Überfall im Park
○ „Der Froschkönig“ mal anders!	○ Bist du ein Chaos-Typ?	○ Alles, was fliegt: Fledermaus, Schmetterling oder Vogel	○ Wem klaut der Schimpanse die Kokosnuss?	○ Dumm gelaufen!	○ Echt klein!	○ Juwelendiebstahl

© Verlag an der Ruhr ▪ 45422 Mülheim an der Ruhr ▪ www.verlagruhr.de ▪ ISBN 3-86072-959-4

Märchenhaftes Durcheinander
– Das Subjekt zeigt den Weg

So geht es:

Hier lernst du alte Märchen neu kennen!

⇨ Lies den ersten Satz und bestimme das Subjekt (WER oder WAS?)!

⇨ Markiere das Subjekt!

⇨ Die Zahl neben dem Subjekt verrät dir den Lösungsweg. Lies bei diesem Satz weiter!

⇨ Trage die Zahl in die Lösungsfelder ein!

⇨ Schreibe die Fragen nach dem Subjekt in der richtigen Reihenfolge auf!

Finde das Subjekt

Das Subjekt ist der Satzgegenstand des Satzes.
Du fragst danach:

WER? oder WAS?

Die Katze
Das Kind
Der Hund } spielt die Hauptrolle.
Er/Sie/Es
Meine Oma

Profi-Tipp:

Zum Beispiel zusammen mit den „Witterungsverben" regnen, schneien, hageln ... wird das Wort „es" benutzt. Dieses „es" wird wie ein Subjekt behandelt.

⇨ ***Es*** regnet. ***Es*** schneit. ***Es*** gießt in Strömen.

„Dornröschen" mal anders!

1. **Über die Geburt ihrer Tochter (2)** waren **die Königin und der König (10)** überglücklich.
2. **Viele Prinzen (5)** versuchten **die Prinzessin (11)** zu erlösen.
3. **Die Hecke (4)** öffnete sich und gab **den Weg (6)** zur Prinzessin ungehindert frei.
4. Bei ihrem bezaubernden Anblick benötigte **er (11)** erst mal **eine Tasse starken Kaffee (5)**.
5. Jedoch **die dichte Dornenhecke (8)** rund um das Schloss ließ **niemanden (4)** durch.
6. **Die Prinzessin (2)** wurde von ihr aus Rache **in einen tiefen endlosen Schlaf (10)** versetzt.
7. Sie erwachte, gönnte sich einen tiefen Schluck und brauste mit dem Prinzen davon.
8. Nach hundert Jahren fuhr **ein Prinz (3) in einem roten Ferrari (2)** vor.
9. **Die 13. Fee (7)** luden **sie (6)** nicht zur Geburtstagsfeier ein.
10. **Aus Freude (8)** wurde **ein großes Fest (9)** gefeiert.
11. **Der Duft des Kaffees (7)** stieg **der Prinzessin (3)** in die Nase.

1										

© Verlag an der Ruhr • 45422 Mülheim an der Ruhr • www.verlagruhr.de • ISBN 3-86072-959-4

„Dornröschen" mal anders!

Richtige Reihenfolge: 1 | 10 | 9 | 6 | 2 | 5 | 8 | 3 | 4 | 11 | 7

1. WER war über die Geburt ihrer Tochter überglücklich? .. ⇨ (10)
10. WAS wurde gefeiert? .... ⇨ (9)
9. WER lud die 13. Fee nicht ein? .... ⇨ (6)
6. WER wurde in einen tiefen Schlaf versetzt? .... ⇨ (2)
2. WER versuchte die Prinzessin zu erlösen? .... ⇨ (5)
5. WAS ließ niemanden durch? .... ⇨ (8)
8. WER fuhr vor? .... ⇨ (3)
3. WAS öffnete sich? .... ⇨ (4)
4. WER benötigte eine Tasse starken Kaffee? .... ⇨ (11)
11. WAS stieg der Prinzessin in die Nase? .... ⇨ **Schluss: (7)**

© Verlag an der Ruhr • 45422 Mülheim an der Ruhr • www.verlagruhr.de • ISBN 3-86072-959-4

„Hänsel und Gretel“ mal anders!

1. **Mit den Eltern (3)** lebten **Hänsel und Gretel (7)** in einem kleinen Haus.
2. Nun zeigte **Gretel (9)** als Erstes **die Eltern (11)** bei der Polizei an.
3. Alle lebten dort glücklich bis an ihr Ende.
4. **In dieser Zeit (9)** holte **Hänsel (12)** aus dem Nachbarort **seine liebe Oma (2)** ab.
5. Also setzten **sie (11) die Kinder (9)** einfach **im Wald (12)** aus.
6. **Eine böse Hexe (8)** schnappte sich **die Kinder (3)**.
7. **Die Eltern (5)** hatten **kein Geld (12)**.
8. **Hänsel (10)** besiegte **die Hexe (5)**.
9. Schließlich handelte **es (4)** sich **um einen Mordversuch (7)**.
10. **Die Kinder (2)** schnappten sich **die Schätze der Hexe (4)** und rannten **heim (6)**.
11. **Hänsel und Gretel (6)** irrten hilflos **durch den Wald (2)**.
12. Gemeinsam kauften **sie (3)** sich **eine große Villa (8).**

1											

„Hänsel und Gretel“ mal anders!

Richtige Reihenfolge:

1	7	5	11	6	8	10	2	9	4	12	3

1. WER lebte mit den Eltern in einem kleinen Haus? .... ⇨ (7)
7. WER hatte kein Geld? .... ⇨ (5)
5. WER setzte die Kinder einfach im Wald aus? .... ⇨ (11)
11. WER irrte hilflos durch den Wald? .... ⇨ (6)
6. WER schnappte sich die Kinder? .... ⇨ (8)
8. WER besiegte die Hexe? .... ⇨ (10)
10. WER schnappte sich die Schätze und rannte heim? .... ⇨ (2)
2. WER zeigte als Erstes die Eltern bei der Polizei an? .... ⇨ (9)
9. WAS handelte sich um einen Mordversuch? .... ⇨ (4)
4. WER holte in dieser Zeit seine liebe Oma aus dem Nachbarort ab? ..... ⇨ (12)
12. WER kaufte sich gemeinsam eine große Villa? .... ⇨ **Schluss: (3)**

© Verlag an der Ruhr • 45422 Mülheim an der Ruhr • www.verlagruhr.de • ISBN 3-86072-959-4

„Schneewittchen" mal anders!

1. **Ein wunderschönes Mädchen (9)** lebte zusammen **mit seiner bösen Stiefmutter (3)**.
2. **Ein Stück eines vergifteten Apfels (7)** blieb **dem Mädchen (5)** im Hals stecken.
3. **Schneewittchen (4)** verliebte sich **in den Lebensretter (1).**
4. **Ihr Traumhaus (6)** wurde genau **gegenüber der Hütte der Zwerge (2)** gebaut.
5. Zufällig verirrte sich **ein Arzt (10) in den Wald (7)**.
6. Denn auf ihre neuen Freunde wollte Schneewittchen nie mehr verzichten.
7. **Die Zwerge (5)** legten **Schneewittchen (8)** traurig **in einen gläsernen Sarg (3)**.
8. Aus Angst floh **das Mädchen (11) zu den sieben Zwergen (2)**.
9. **Sie (8)** war eifersüchtig **auf die Schönheit Schneewittchens (4)** und beschloss sie umzubringen.
10. **Er (3)** wollte **Schneewittchen (9)** unbedingt **ins Krankenhaus (11)** bringen.
11. **Ein verzauberter Spiegel (2)** zeigte **der Stiefmutter (6)** Schneewittchen.

1										

„Schneewittchen" mal anders!

Richtige Reihenfolge:

1	9	8	11	2	7	5	10	3	4	6

1. WER lebte zusammen mit seiner bösen Stiefmutter? .... ⇨ (9)
9. WER war eifersüchtig auf die Schönheit Schneewittchens? .... ⇨ (8)
8. WER floh aus Angst zu den sieben Zwergen? .... ⇨ (11)
11. WER zeigte der Stiefmutter Schneewittchen? .... ⇨ (2)
2. WAS blieb dem Mädchen im Hals stecken? .... ⇨ (7)
7. WER legte Schneewittchen traurig in einen gläsernen Sarg? .... ⇨ (5)
5. WER verirrte sich zufällig in den Wald? .... ⇨ (10)
10. WER wollte Schneewittchen unbedingt ins Krankenhaus bringen? ⇨ (3)
3. WER verliebte sich in den Lebensretter? .... ⇨ (4)
4. WAS wurde genau gegenüber der Hütte der Zwerge gebaut? .... ⇨ **Schluss: (6)**

© Verlag an der Ruhr • 45422 Mülheim an der Ruhr • www.verlagruhr.de • ISBN 3-86072-959-4

„Die Prinzessin auf der Erbse" mal anders!

1. **Ein Prinz (4)** war auf Brautschau und suchte für sich **die einzig wahre Prinzessin (6)**.
2. Um möglichst schnell **das Schloss (4)** verlassen zu können, fiel **ihr Frühstück (9)** aus.
3. Vor lauter Höhenangst konnte **die arme Frau (10)** in der Nacht **kein Auge (9)** zutun.
4. **An einem Gewitterabend (2)** klopfte **eine durchnässte Frau (6)** an seine Schlosstür.
5. **Der Verkäufer (7)** bot ihr an, **den entgangenen Schlaf (3)** auf einem Bett ihrer Wahl nachzuholen.
6. **Sie (8)** gab sich als **eine Prinzessin (5)** aus.
7. Aus Dankbarkeit bestellte sie bei ihm neue Betten für ihre ganze Familie.
8. Mit einer Erbse unter 20 Matratzen wollte **er (3) ihre Echtheit (7)** prüfen.
9. **Auf ihrem Heimweg (8)** war **ein Bettengeschäft mit Betten in allen Größen (5)**.
10. **Sie (2)** fühlte sich **am nächsten Morgen (3)** ganz zerschlagen und müde.

1									

© Verlag an der Ruhr • 45422 Mülheim an der Ruhr • www.verlagruhr.de • ISBN 3-86072-959-4

„Die Prinzessin auf der Erbse" mal anders!

Richtige Reihenfolge: 1 | 4 | 6 | 8 | 3 | 10 | 2 | 9 | 5 | 7

1. WER war auf Brautschau und suchte für sich die einzig wahre Prinzessin? ⇨ (4)
4. WER klopfte an einem Gewitterabend an seine Schlosstür? ⇨ (6)
6. WER gab sich als eine Prinzessin aus? ⇨ (8)
8. WER wollte mit einer Erbse unter 20 Matratzen ihre Echtheit prüfen? ⇨ (3)
3. WER konnte vor lauter Höhenangst in der Nacht kein Auge zutun? ⇨ (10)
10. WER fühlte sich am nächsten Morgen ganz zerschlagen und müde? ⇨ (2)
2. WAS fiel aus, um möglichst schnell das Schloss verlassen zu können? ⇨ (9)
9. WAS war auf ihrem Heimweg? ⇨ (5)
5. WER bot ihr an, den entgangenen Schlaf auf einem Bett ihrer Wahl nachzuholen? ⇨ **Schluss: (7)**

© Verlag an der Ruhr • 45422 Mülheim an der Ruhr • www.verlagruhr.de • ISBN 3-86072-959-4

„Rotkäppchen" mal anders!

1. **Rotkäppchen (3)** sollte **seiner Oma (4) Wein und Kuchen (6)** bringen.
2. Sofort bot **Rotkäppchen (10)** ihm **den Wein und den Kuchen (11)** an.
3. **Der Weg (6)** führte **durch den Wald (7)**.
4. **Der Wolf (11)** beobachtete **Rotkäppchen (3)** aus dem Gebüsch.
5. **Für den nächsten Tag (2)** verabredeten **sie (7)** sich wieder zur gleichen Zeit.
6. **Rotkäppchen (9)** blieb stehen und pflückte **Blumen (2).**
7. Die Oma allerdings wartet noch heute auf den Kuchen.
8. **So einen schönen Wolf (4)** hatte **Rotkäppchen (2)** noch nie gesehen.
9. **An dieser Stelle (6)** gefielen **dem Mädchen (8) die Blumen (4)** so gut.
10. **Ihre nette Unterhaltung (5)** dauerte **bis spät in die Nacht (9)**.
11. **Sein Fell (8)** leuchtete silbern durch **sein Versteck (5)**.

1										

„Rotkäppchen" mal anders!

Richtige Reihenfolge:

1	3	6	9	4	11	8	2	10	5	7

1. WER sollte seiner Oma Wein und Kuchen bringen? .... ⇨ (3)
3. WAS führte durch den Wald? .... ⇨ (6)
6. WER blieb stehen und pflückte Blumen? .... ⇨ (9)
9. WAS gefiel dem Mädchen an dieser Stelle so gut? .... ⇨ (4)
4. WER beobachtete Rotkäppchen aus dem Gebüsch? .... ⇨ (11)
11. WAS leuchtete silbern durch sein Versteck? .... ⇨ (8)
8. WER hatte so einen schönen Wolf noch nie gesehen? ...... ⇨ (2)
2. WER bot ihm sofort den Wein und den Kuchen an? .... ⇨ (10)
10. WAS dauerte bis spät in die Nacht? .... ⇨ (5)
5. WER verabredete sich wieder für den nächsten Tag? .... ⇨ **Schluss: (7)**

© Verlag an der Ruhr • 45422 Mülheim an der Ruhr • www.verlagruhr.de • ISBN 3-86072-959-4

„Der Froschkönig" mal anders!

1. Einst spielte **die Prinzessin (4)** an einem Brunnen **mit ihrer goldenen Kugel (5)**.
2. Dafür versprach **sie (8)** ihm **die Hochzeit (11)**.
3. **Die Prinzessin (10)** versuchte mit allen Tricks **ihren ekligen Zimmergenossen (4)** loszuwerden.
4. Todunglücklich sah **sie (6) ihr Lieblingsspielzeug (9)** in den Brunnen fallen.
5. **Der Prinz (9)** stand vom Tisch auf und ging erhobenen Hauptes an **ihr (1)** vorbei.
6. **Ein Frosch (2)** holte **ihre Kugel (8)** aus dem Brunnen.
7. **Die Prinzessin (5)** fiel vor Schreck vom Stuhl und brach sich **ein Bein (6)**.
8. **Das Versprechen (11)** sollte jedoch nie **von der Prinzessin (5)** eingelöst werden.
9. Er heiratete nämlich lieber das nette Zimmermädchen.
10. **Eines Abends (3)** verwandelte sich **der Frosch (7)** während des Essens in einen Prinzen.
11. Voller Abscheu wurde **in ihrem Zimmer (4) eine Ecke (3)** für ihn hergerichtet.

1										

„Der Froschkönig" mal anders!

Richtige Reihenfolge: 1 4 6 2 8 11 3 10 7 5 9

1. WER spielte an einem Brunnen mit ihrer goldenen Kugel? ⇨ (4)
4. WER sah todunglücklich ihr Lieblingsspielzeug in den Brunnen fallen? ⇨ (6)
6. WER holte ihre Kugel aus dem Brunnen? ⇨ (2)
2. WER versprach ihm dafür die Hochzeit? ⇨ (8)
8. WAS sollte jedoch nie von der Prinzessin eingelöst werden? ⇨ (11)
11. WAS wurde voller Abscheu in ihrem Zimmer für ihn hergerichtet? ⇨ (3)
3. WER versuchte mit allen Tricks ihren ekligen Zimmergenossen loszuwerden? ⇨ (10)
10. WER verwandelte sich eines Abends während des Essens in einen Prinzen? ⇨ (7)
7. WER fiel vor Schreck vom Stuhl und brach sich ein Bein? ⇨ (5)
5. WER stand vom Tisch auf und ging erhobenen Hauptes an ihr vorbei? ⇨ **Schluss: (9)**

Teste deine Persönlichkeit
– Das Prädikat verrät eine Menge!

So geht es:

**Hier kannst du herausfinden,
welcher Persönlichkeits-Typ du bist!**

1. Wähle einen Test und lies die Situationen.
2. Setze in den Antworten das Prädikat an die richtige Stelle.
3. Kreuze die Antwort an, die für dich am besten passt. Schreibe sie in dein Heft.
4. Zähle deine Punkte und lies auf der Lösungskarte nach, welcher „Typ“ du bist.

© Verlag an der Ruhr • 45422 Mülheim an der Ruhr • www.verlagruhr.de • ISBN 3-86072-959-4

Finde das Prädikat

Das Prädikat ist der Satzkern des Satzes. Du fragst danach:

Was TUT? Was MACHT? Was PASSIERT?

Der Hund → knurrt / buddelt / passt im Garten auf. / versteckt sich / liegt

... und WAS mache ich jetzt im Garten?

Profi-Tipp:

⇨ Das Prädikat ist in einem normalen Satz meist das zweite Satzglied!
⇨ Denke auch an alle Verbformen von „sein“ und „haben“!
⇨ Manche Verben gliedern sich auf. Beispiel: mitsingen – Er singt das Lied mit.

© Verlag an der Ruhr • 45422 Mülheim an der Ruhr • www.verlagruhr.de • ISBN 3-86072-959-4

Welcher Schülertyp bist du?

1. Du schreibst nächste Woche eine Mathearbeit. Was machst du?

- **a** Ich ununterbrochen, sogar nachts. (lernen) .... 4 □
- **b** Ich dem Lehrer das Lösungsblatt. (klauen) .... 0 □
- **c** Ich ein wenig und im Unterricht gut. (üben/*auf*passen) .... 2 □

2. Du hast eine Menge Hausaufgaben auf. Was machst du?

- **a** Ich den Lehrer noch um zusätzliche Aufgaben. (bitten) .... 4 □
- **b** Ich die Aufgaben und ein wenig auf den Lehrer. (erledigen/schimpfen) .... 2 □
- **c** Ich keine Hausaufgaben und eine Ausrede. (machen/erfinden) .... 0 □

3. Es ist eine ganz normale Unterrichtsstunde. Was machst du?

- **a** Bei spannenden Fragen ich im Unterricht. (*mit*machen) .... 2 □
- **b** Ich im Unterricht oder meine Mitschüler. (schlafen/ärgern) .... 0 □
- **c** Ich jede Frage und immer interessiert. (beantworten/gucken) .... 4 □

4. In den Ferien triffst du zufällig deinen Lehrer. Was machst du?

- **a** Ich einen Riesenschreck und in Ohnmacht. (bekommen/fallen) .... 0 □
- **b** Ich dem Lehrer eine Cola und über die Schule. (bezahlen/reden) .... 4 □
- **c** Ich den Lehrer kurz, aber freundlich. (grüßen) .... 2 □

© Verlag an der Ruhr • 45422 Mülheim an der Ruhr • www.verlagruhr.de • ISBN 3-86072-959-4

Welcher Schülertyp bist du?

1. Du schreibst nächste Woche eine Mathearbeit. Was machst du?

- **a** Ich **lerne** ununterbrochen, sogar nachts. 4
- **b** Ich **klaue** dem Lehrer das Lösungsblatt. 0
- **c** Ich **übe** ein wenig und ***passe*** im Unterricht gut ***auf***. 2

2. Du hast eine Menge Hausaufgaben auf. Was machst du?

- **a** Ich **bitte** den Lehrer noch um zusätzliche Aufgaben. 4
- **b** Ich **erledige** die Aufgaben und **schimpfe** ein wenig auf den Lehrer. 2
- **c** Ich **mache** keine Hausaufgaben und **erfinde** eine Ausrede. 0

3. Es ist eine ganz normale Unterrichtsstunde. Was machst du?

- **a** Bei spannenden Fragen ***mache*** ich im Unterricht ***mit***. 2
- **b** Ich **schlafe** im Unterricht oder **ärgere** meine Mitschüler. 0
- **c** Ich **beantworte** jede Frage und **gucke** immer interessiert. 4

4. In den Ferien triffst du zufällig deinen Lehrer. Was machst du?

- **a** Ich **bekomme** einen Riesenschreck und **falle** in Ohnmacht. 0
- **b** Ich **bezahle** dem Lehrer eine Cola und **rede** über die Schule. 4
- **c** Ich **grüße** den Lehrer kurz, aber freundlich. 2

© Verlag an der Ruhr • 45422 Mülheim an der Ruhr • www.verlagruhr.de • ISBN 3-86072-959-4

Hast du das Zeug zum Rockstar?

1. Im Radio wird der neue Superhit gespielt. Was machst du?

- **a** Ich keine Superhits und nie Radio. (kennen/hören) .... 0 ☐
- **b** Ich richtig gute Laune. (kriegen) .... 2 ☐
- **c** Ich auf volle Lautstärke und durchs Wohnzimmer. (drehen/tanzen) .... 4 ☐

2. Du hast Musikunterricht. Was machst du?

- **a** Ich meine E-Gitarre und einen Rocksong. (*mitbringen*/spielen) .... 4 ☐
- **b** Ich mit den anderen zusammen fröhlich alle Lieder. (singen) .... 2 ☐
- **c** Ich Musikunterricht furchtbar und Watte in meine Ohren. (finden/stopfen) .... 0 ☐

3. Zum Geburtstag bekommst du einen neuen CD-Spieler. Was machst du?

- **a** Das Ding ich sofort gegen ein neues Buch. (tauschen) .... 0 ☐
- **b** Darüber ich sehr froh und meine ganzen CDs. (sein/holen) .... 2 ☐
- **c** Ich in ein Tonstudio und eine eigene CD. (rennen/*aufnehmen*) .... 4 ☐

4. Ein Kellerraum steht dir zur Verfügung. Was machst du?

- **a** Daraus ich sofort ein tolles Forschungslabor. (machen) .... 0 ☐
- **b** Ich meine Musikanlage und einen tollen Partykeller. (holen/haben) .... 2 ☐
- **c** Ich dort jeden Tag mit meiner Band. (proben) .... 4 ☐

© Verlag an der Ruhr • 45422 Mülheim an der Ruhr • www.verlagruhr.de • ISBN 3-86072-959-4

Hast du das Zeug zum Rockstar?

1. Im Radio wird der neue Superhit gespielt. Was machst du?

- **a** Ich **kenne** keine Superhits und **höre** nie Radio. 0
- **b** Ich **kriege** richtig gute Laune. 2
- **c** Ich **drehe** auf volle Lautstärke und **tanze** durchs Wohnzimmer. 4

2. Du hast Musikunterricht. Was machst du?

- **a** Ich ***bringe*** meine E-Gitarre ***mit*** und **spiele** einen Rocksong. 4
- **b** Ich **singe** mit den anderen zusammen fröhlich alle Lieder. 2
- **c** Ich **finde** Musikunterricht furchtbar und **stopfe** Watte in meine Ohren. 0

3. Zum Geburtstag bekommst du einen neuen CD-Spieler. Was machst du?

- **a** Das Ding **tausche** ich sofort gegen ein neues Buch. 0
- **b** Darüber **bin** ich sehr froh und **hole** meine ganzen CDs. 2
- **c** Ich **renne** in ein Tonstudio und ***nehme*** eine eigene CD ***auf*** 4

4. Ein Kellerraum steht dir zur Verfügung. Was machst du?

- **a** Daraus **mache** ich sofort ein tolles Forschungslabor. 0
- **b** Ich **hole** meine Musikanlage und **habe** einen tollen Partykeller. 2
- **c** Ich **probe** dort jeden Tag mit meiner Band. 4

Bist du eine Leseratte?

1. Auf dem Flohmarkt siehst du ein Buch von Astrid Lindgren. Was machst du?
- **a** Astrid Lindgren??? Die ich überhaupt nicht. (kennen) .... 0 ☐
- **b** Ich es in die Hand und vielleicht ich es auch. (nehmen/kaufen) .... 2 ☐
- **c** Natürlich ich längst alle Bücher von Astrid Lindgren! (haben) .... 4 ☐

2. Du bekommst zum Geburtstag ein neues Buch geschenkt. Was machst du?
- **a** Sofort ich alle Gäste nach Hause und das Buch. (schicken/lesen) .... 4 ☐
- **b** In den nächsten Tagen ich ein wenig in dem Buch. (schmökern) .... 2 ☐
- **c** Prima! Endlich ich wieder etwas Brennbares für den Kamin. (haben) .... 0 ☐

3. Deine Eltern nehmen dich mit in die Bücherei. Was machst du?
- **a** Ich in den Regalen und ein paar Bücher. (stöbern/*ausleihen*) .... 2 ☐
- **b** Vor Aufregung ich schon drei Nächte vorher nicht mehr. (schlafen) ...... 4 ☐
- **c** Ich dort eine stille Ecke und ein Nickerchen. (suchen/halten) .... 0 ☐

4. Es ist ein wunderschöner Sommertag. Was machst du?
- **a** Ich zu Hause auf dem Sofa und ein Buch. (bleiben/lesen) .... 4 ☐
- **b** Ich ins Freibad und einen Comic. (gehen/*mitnehmen*) .... 2 ☐
- **c** Ich ins Freibad und die ganze Zeit im Wasser. (rennen/planschen) .... 0 ☐

© Verlag an der Ruhr • 45422 Mülheim an der Ruhr • www.verlagruhr.de • ISBN 3-86072-959-4

Bist du eine Leseratte?

1. Auf dem Flohmarkt siehst du ein Buch von Astrid Lindgren. Was machst du?
- **a** Astrid Lindgren??? Die **kenne** ich überhaupt nicht. 0
- **b** Ich **nehme** es in die Hand und vielleicht **kaufe** ich es auch. 2
- **c** Natürlich **habe** ich längst alle Bücher von Astrid Lindgren! 4

2. Du bekommst zum Geburtstag ein neues Buch geschenkt. Was machst du?
- **a** Sofort **schicke** ich alle Gäste nach Hause und **lese** das Buch. 4
- **b** In den nächsten Tagen **schmökere** ich ein wenig in dem Buch. 2
- **c** Prima! Endlich **habe** ich wieder etwas Brennbares für den Kamin. 0

3. Deine Eltern nehmen dich mit in die Bücherei. Was machst du?
- **a** Ich **stöbere** in den Regalen und ***leihe*** ein paar Bücher ***aus***. 2
- **b** Vor Aufregung **schlafe** ich schon drei Nächte vorher nicht mehr. 4
- **c** Ich **suche** dort eine stille Ecke und **halte** ein Nickerchen. 0

4. Es ist ein wunderschöner Sommertag. Was machst du?
- **a** Ich **bleibe** zu Hause auf dem Sofa und **lese** ein Buch. 4
- **b** Ich **gehe** ins Freibad und ***nehme*** einen Comic ***mit***. 2
- **c** Ich **renne** ins Freibad und **plansche** die ganze Zeit im Wasser. 0

© Verlag an der Ruhr • 45422 Mülheim an der Ruhr • www.verlagruhr.de • ISBN 3-86072-959-4

Bist du ein Abenteurer?

1. Für eine Woche bist du alleine auf einer einsamen Insel. Was machst du?

- **a** Ich sofort ein Lager und dann neugierig die Umgebung. (bauen/erforschen) .... 4 ☐
- **b** Ich die ganze Zeit und schnellstens nach Hause. (weinen/möchten) .... 0 ☐
- **c** Ich im Meer und am Strand. (schwimmen/liegen) .... 2 ☐

2. Im Schwimmbad gibt es eine neue Superrutsche. Was machst du?

- **a** Vor Angst ich schon beim Anblick der Rutsche. (zittern) .... 0 ☐
- **b** Ich erst einmal und dann ich auch. (beobachten/rutschen) .... 2 ☐
- **c** Ich als Erstes oben und kopfüber hinunter. (stehen/sausen) .... 4 ☐

3. Du bist im Urlaub in den Bergen. Was machst du?

- **a** Ich Angst vor Bergen und die ganze Zeit im Hotel. (haben/bleiben) .... 0 ☐
- **b** Sofort ich meine Ausrüstung und auf den höchsten Berg. (packen/steigen) .... 4 ☐
- **c** Gemeinsam mit Freunden ich eine tolle Bergtour. (machen) .... 2 ☐

4. Es findet ein Cart-Rennen statt. Was machst du?

- **a** Ich unter den Zuschauern und die Rennfahrer. (stehen/*anfeuern*) .... 2 ☐
- **b** Ich das sehr gefährlich und alle Teilnehmer. (finden/warnen) .... 0 ☐
- **c** Natürlich ich und das Rennen. (*teilnehmen*/gewinnen) .... 4 ☐

Bist du ein Abenteurer?

1. Für eine Woche bist du alleine auf einer einsamen Insel. Was machst du?

- **a** Ich **baue** sofort ein Lager und **erforsche** dann neugierig die Umgebung. .. 4
- **b** Ich **weine** die ganze Zeit und **möchte** schnellstens nach Hause. 0
- **c** Ich **schwimme** im Meer und **liege** am Strand. 2

2. Im Schwimmbad gibt es eine neue Superrutsche. Was machst du?

- **a** Vor Angst **zittere** ich schon beim Anblick der Rutsche. 0
- **b** Ich **beobachte** erst einmal und dann **rutsche** ich auch. 2
- **c** Ich **stehe** als Erstes oben und **sause** kopfüber hinunter. 4

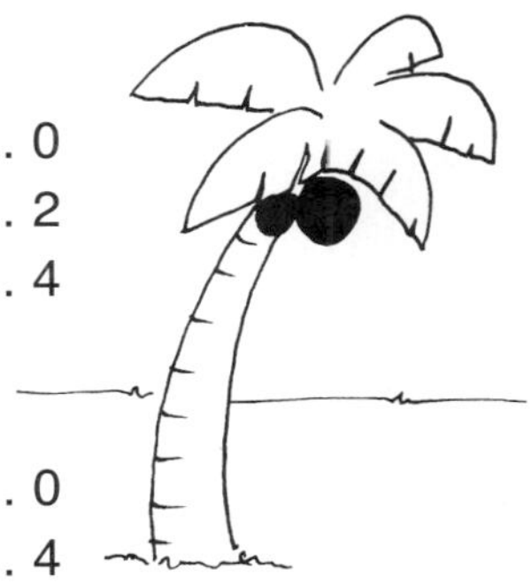

3. Du bist im Urlaub in den Bergen. Was machst du?

- **a** Ich **habe** Angst vor Bergen und **bleibe** die ganze Zeit im Hotel. 0
- **b** Sofort **packe** ich meine Ausrüstung und **steige** auf den höchsten Berg. 4
- **c** Gemeinsam mit Freunden **mache** ich eine tolle Bergtour. 2

4. Es findet ein Cart-Rennen statt. Was machst du?

- **a** Ich **stehe** unter den Zuschauern und ***feuere*** die Rennfahrer ***an***. 2
- **b** Ich **finde** das sehr gefährlich und **warne** alle Teilnehmer 0
- **c** Natürlich ***nehme*** ich ***teil*** und **gewinne** das Rennen. 4

© Verlag an der Ruhr • 45422 Mülheim an der Ruhr • www.verlagruhr.de • ISBN 3-86072-959-4

Bist du der geborene Schauspieler?

1. In der Schule sollst du ein trauriges Gedicht vortragen. Was machst du?
- **a** Ich die Zuhörer durch den Vortrag auf jeden Fall zum Weinen. (bringen) .... 4 ☐
- **b** Ich knallrot und den Text. (sein/vergessen) .... 0 ☐
- **c** Meinen Vortrag ich möglichst schnell herunter. (rasseln) .... 2 ☐

2. Dein Lieblingsfilm läuft im Fernsehen. Was machst du?
- **a** Einen Lieblingsfilm ich gar nicht. (haben) .... 0 ☐
- **b** Ich gemütlich auf dem Sofa und den Film. (sitzen/gucken) .... 2 ☐
- **c** Ich den Film auswendig und jede Szene. (kennen/*mitsprechen*) .... 4 ☐

3. Du hast deine Hausaufgaben vergessen. Was machst du?
- **a** Ich ganz einfach die Wahrheit. (sagen) .... 2 ☐
- **b** Ich ganz blass und verlegen auf den Boden. (sein/schauen) .... 0 ☐
- **c** Die Gelegenheit ich und eine spannende Geschichte. (ergreifen/erzählen) .... 4 ☐

4. Das Wochenende steht bevor. Was machst du?
- **a** Ich meine Koffer und zum Casting für eine TV-Serie. (packen/fahren) .... 4 ☐
- **b** Gemeinsam mit Freunden ich ins Kino. (gehen) .... 2 ☐
- **c** Ich meine Freunde oder ein Buch. (treffen/lesen) .... 0 ☐

Teste deine Persönlichkeit – **Das Prädikat verrät eine Menge!** Lösung

Bist du der geborene Schauspieler?

1. In der Schule sollst du ein trauriges Gedicht vortragen. Was machst du?
- **a** Ich **bringe** die Zuhörer durch den Vortrag auf jeden Fall zum Weinen. 4
- **b** Ich **bin** knallrot und **vergesse** den Text. 0
- **c** Meinen Vortrag **rassele** ich möglichst schnell herunter. 2

2. Dein Lieblingsfilm läuft im Fernsehen. Was machst du?
- **a** Einen Lieblingsfilm **habe** ich gar nicht. 0
- **b** Ich **sitze** gemütlich auf dem Sofa und **gucke** den Film. 2
- **c** Ich **kenne** den Film auswendig und ***spreche*** jede Szene ***mit***. 4

3. Du hast deine Hausaufgaben vergessen. Was machst du?
- **a** Ich **sage** ganz einfach die Wahrheit. 2
- **b** Ich **bin** ganz blass und **schaue** verlegen auf den Boden. 0
- **c** Die Gelegenheit **ergreife** ich und **erzähle** eine spannende Geschichte. 4

4. Das Wochenende steht bevor. Was machst du?
- **a** Ich **packe** meine Koffer und **fahre** zum Casting für eine TV-Serie. 4
- **b** Gemeinsam mit Freunden **gehe** ich ins Kino. 2
- **c** Ich **treffe** meine Freunde oder **lese** ein Buch. 0

© Verlag an der Ruhr • 45422 Mülheim an der Ruhr • www.verlagruhr.de • ISBN 3-86072-959-4

Bist du ein Chaos-Typ?

1. Du sollst die frische Wäsche in deinen Kleiderschrank bringen. Was machst du?

- **a** Ich die Wäsche ordentlich auf die Bügel. (hängen) .... 0 ☐
- **b** Ich die Schranktür und die Wäsche irgendwohin. (öffnen/packen) ..... 2 ☐
- **c** Die Wäsche ich einfach auf mein Bett. (werfen) .... 4 ☐

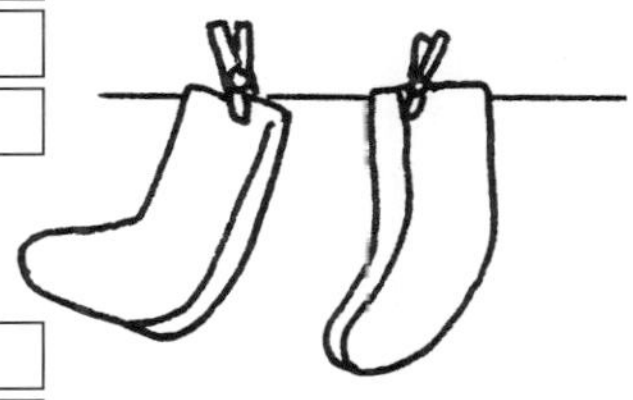

2. Du sollst dein Zimmer aufräumen. Was machst du?

- **a** Ich mein Zimmer jeden Tag freiwillig. (*aufräumen*) .... 0 ☐
- **b** Ich einen Riesenschreck und aus dem Fenster. (kriegen/flüchten) .... 4 ☐
- **c** Ich ein wenig und dann das Nötigste. (murren/machen) .... 2 ☐

3. Du hast gerade Mittag gegessen. Was machst du?

- **a** Ich alles stehen und liegen. (lassen) .... 4 ☐
- **b** Mein Geschirr ich in die Spülmaschine. (bringen) .... 2 ☐
- **c** Ich den ganzen Tisch und den Abwasch. (*abräumen*/erledigen) .... 0 ☐

4. Du sollst deine Schultasche aufräumen. Was machst du?

- **a** Ich ein paar lose Blätter. (*einheften*) .... 2 ☐
- **b** Ich erst einmal die vielen alten Butterbrote. (*wegschmeißen*) .... 4 ☐
- **c** Ich eine sehr aufgeräumte Schultasche. (besitzen) .... 0 ☐

Teste deine Persönlichkeit – **Das Prädikat verrät eine Menge!** **Lösung**

© Verlag an der Ruhr • 45422 Mülheim an der Ruhr • www.verlagruhr.de • ISBN 3-86072-959-4

Bist du ein Chaos-Typ?

1. Du sollst die frische Wäsche in deinen Kleiderschrank bringen. Was machst du?

- **a** Ich **hänge** die Wäsche ordentlich auf die Bügel. 0
- **b** Ich **öffne** die Schranktür und **packe** die Wäsche irgendwohin. ... 2
- **c** Die Wäsche **werfe** ich einfach auf mein Bett. 4

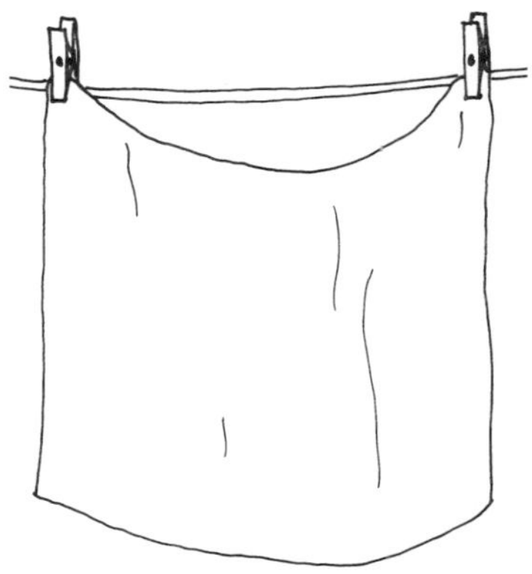

2. Du sollst dein Zimmer aufräumen. Was machst du?

- **a** Ich ***räume*** mein Zimmer jeden Tag freiwillig ***auf***. 0
- **b** Ich **kriege** einen Riesenschreck und **flüchte** aus dem Fenster. .. 4
- **c** Ich **murre** ein wenig und **mache** dann das Nötigste. 2

3. Du hast gerade Mittag gegessen. Was machst du?

- **a** Ich **lasse** alles stehen und liegen. 4
- **b** Mein Geschirr **bringe** ich in die Spülmaschine. 2
- **c** Ich ***räume*** den ganzen Tisch ***ab*** und **erledige** den Abwasch. 0

4. Du sollst deine Schultasche aufräumen. Was machst du?

- **a** Ich ***hefte*** ein paar lose Blätter ***ein***. 2
- **b** Ich ***schmeiße*** erst einmal die vielen alten Butterbrote ***weg***. 4
- **c** Ich **besitze** eine sehr aufgeräumte Schultasche. 0

Handwerkszeug Grammatik: **SATZGLIEDER** 23

Testbogen-Auswertung:

Welcher Schülertyp bist du?

0–4	Punkte	⇨	Du bist der Typ „Schule? Nein Danke“!
6–10	Punkte	⇨	Du bist der Typ „Schule ist schon okay“!
12–16	Punkte	⇨	Du bist der Typ „Schule ist mein Leben“!

Hast du das Zeug zum Rockstar?

0–4	Punkte	⇨	Du bist der Typ „Von dem Gekreische kriege ich Ohrenschmerzen“!
6–10	Punkte	⇨	Du bist der Typ „Zuhören und genießen“!
12–16	Punkte	⇨	Du bist der Typ „Rocken, was das Zeug hält“!

Bist du eine Leseratte?

0–4	Punkte	⇨	Du bist der Typ „Haltet die Bücher von mir fern“!
6–10	Punkte	⇨	Du bist der Typ „Lesen nach Lust und Laune“!
12–16	Punkte	⇨	Du bist der Typ „Bücherverschlinger“!

Bist du ein Abenteurer?

0–4	Punkte	⇨	Du bist der Typ „Am sichersten ist es doch zu Hause“!
6–10	Punkte	⇨	Du bist der Typ „Freiheit in Grenzen“!
12–16	Punkte	⇨	Du bist der Typ „Immer volles Risiko“!

Bist du der geborene Schauspieler?

0–4	Punkte	⇨	Du bist der Typ „Filme sind Zeitverschwendung“!
6–10	Punkte	⇨	Du bist der Typ „Zuschauen und genießen“!
12–16	Punkte	⇨	Du bist der Typ „Auf nach Hollywood“!

Bist du ein „Chaos-Typ“?

0–4	Punkte	⇨	Du bist der Typ „Ordnung ist mein Leben“!
6–10	Punkte	⇨	Du bist der Typ „Ordnung muss manchmal sein … aber nicht gerne“!
12–16	Punkte	⇨	Du bist der Typ „Heilloses Durcheinander“!

Falsche Fährte?!
– Das Akkusativ-Objekt zeigt die Lösung

So geht es:

Finde heraus, welches Tier beschrieben wird!

1. Wähle einen Text und lies jeden einzelnen Satz!
2. Bestimme das Akkusativ-Objekt, wenn es eins gibt!
3. Markiere das Akkusativ-Objekt!
4. Schreibe die passenden Fragen dazu auf!
5. Nur die Sätze, die ein Akkusativ-Objekt haben, zeigen dir die Lösung!
   Die anderen waren eine falsche Fährte!
6. Finde das richtige Tier heraus und überprüfe mit der Lösungskarte!

» Tipp

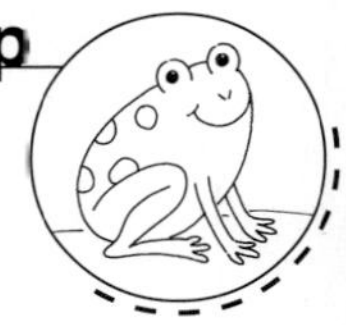

© Verlag an der Ruhr • 45422 Mülheim an der Ruhr • www.verlagruhr.de • ISBN 3-86072-959-4

Finde das Akkusativ-Objekt

Das Akkusativ-Objekt ist eine Satzergänzung.
Nicht jeder Satz hat ein Akkusativ-Objekt!
Du fragst danach:

WEN oder *WAS?*

Der Hund sucht → das Spielzeug. / sein Herrchen. / den Knochen. / die Zeitung. / einen Spielgefährten.

Handwerkszeug Grammatik: SATZGLIEDER 25

Alles, was springt: Frosch, Känguru oder Floh

1. Am Hinterleib hat es lange, kräftige Beine.
2. Es besitzt einen kleinen Kopf.
3. Es lebt im Teich.
4. Es ernährt sich von Blut.
5. Mit seinem Schwanz kann es die Balance halten.
6. Mit bloßem Auge ist es kaum zu erkennen.
7. Meist sitzt es in typisch hockender Haltung am Rand eines Tümpels.
8. Die spitzen Ohren haben eine Länge von 7 bis 8 cm.
9. Zum Atmen muss es auftauchen.
10. Auf seiner Backe sieht man einen weißen Streifen, der sich vom Mundwinkel bis unter das Auge zieht.

Alles, was springt: Frosch, Känguru oder Floh

Mithilfe der Akkusativ-Objekte errätst du, um welches Tier es sich handelt.

Nach dem Akkusativ-Objekt fragst du: *WEN* oder *WAS?*

1. WEN oder WAS hat es am Hinterleib? .... (lange, kräftige Beine)
2. WEN oder WAS besitzt es? .... (einen kleinen Kopf)
5. WEN oder WAS kann es mit seinem Schwanz halten? .... (die Balance)
8. WEN oder WAS haben die spitzen Ohren? .... (eine Länge von 7 bis 8 cm)
10. WEN oder WAS sieht man auf seiner Backe? .... (einen weißen Streifen)

Das gesuchte Tier ist also: **Das Känguru!**

© Verlag an der Ruhr • 45422 Mülheim an der Ruhr • www.verlagruhr.de • ISBN 3-86072-959-4

Alles, was jagt: Löwe, Leopard oder Tiger

1. Es liebt, vor sich hin zu dösen und zu faulenzen.
2. Es besitzt beige-braunes kurzes Fell mit schwarzen Flecken.
3. Da es gut klettern kann, schleppt es seine Beute zur Sicherheit auf Bäume.
4. Es kann bis zu 6 m weit springen.
5. Sein Fell ist orange mit dunklen Streifen und weißer Bauchseite.
6. Die Menschen mögen sein Fell, deshalb wird es von Jägern gejagt.
7. Die Beschaffung der Nahrung ist Sache des Weibchens.
8. Es ist ein Einzelgänger und vermeidet Kontakt mit Artgenossen.
9. Seine Beute kann es bis zu 3 km verfolgen.
10. Wegen seiner prächtigen Mähne gilt es als „König der Tiere".

Falsche Fährte?! – **Das Akkusativ-Objekt zeigt die Lösung** » Lösung

© Verlag an der Ruhr • 45422 Mülheim an der Ruhr • www.verlagruhr.de • ISBN 3-86072-959-4

Alles, was jagt: Löwe, Leopard oder Tiger

Mithilfe der Akkusativ-Objekte errätst du, um welches Tier es sich handelt.

Nach dem Akkusativ-Objekt fragst du: *WEN* oder *WAS?*

2. WEN oder WAS besitzt es? .... (beige-braunes kurzes Fell mit schwarzen Flecken)
3. WEN oder WAS schleppt es auf Bäume? .... (seine Beute)
6. WEN oder WAS mögen die Menschen? .... (sein Fell)
8. WEN oder WAS vermeidet es? .... (Kontakt mit Artgenossen)
9. Wen oder was kann es verfolgen? .... (seine Beute)

Das gesuchte Tier ist also: **Der Leopard**!

Alles, was sticht: Igel, Stachelschwein oder Biene

1. Es benötigt seine Stacheln als Schutz vor seinen Feinden.
2. Mit seinen langen, hohlen Stacheln kann es rasseln.
3. Es kann nur in der Gemeinschaft überleben.
4. Es trägt 8000 Stacheln auf seinem Rücken.
5. Mit seinem Stachel sticht es nur zu, wenn es sich bedroht fühlt.
6. Bei der Geburt haben die Jungen kurze, weiche Stacheln.
7. Seinen Feinden rennt es rückwärts entgegen.
8. Die Nacht mag es besonders gern.
9. Mit seinen beweglichen Facettenaugen kann es rundum sehen.
10. Beim Fressen gibt es laute Kau- und Schmatzgeräusche von sich.

© Verlag an der Ruhr • 45422 Mülheim an der Ruhr • www.verlagruhr.de • ISBN 3-86072-959-4

Alles, was sticht: Igel, Stachelschwein oder Biene

Mithilfe der Akkusativ-Objekte errätst du, um welches Tier es sich handelt.

Nach dem Akkusativ-Objekt fragst du: *WEN* oder *WAS?*

1. WEN oder WAS benötigt es als Schutz? .... (seine Stacheln)
4. WEN oder WAS trägt es auf seinem Rücken? .... (8000 Stacheln)
6. WEN oder WAS haben die Jungen bei der Geburt? .... (kurze, weiche Stacheln)
8. WEN oder WAS mag es besonders gern? .... (die Nacht)
10. WEN oder WAS gibt es beim Fressen von sich? .... (laute Kau- und Schmatzgeräusche)

Das gesuchte Tier ist also: **Der Igel**!

© Verlag an der Ruhr • 45422 Mülheim an der Ruhr • www.verlagruhr.de • ISBN 3-86072-959-4

Alles, was schwimmt: Delfin, Seehund oder Wal

1. Sein dickes Fettgewebe unter der Haut schützt vor Kälte.
2. Es ist ein sehr geselliges Tier.
3. Außerhalb des Wassers zeigt es unbeholfene Bewegungen.
4. Es ist das größte Säugetier der Erde.
5. Es kann Bälle auf seiner Nase balancieren.
6. Mit Tönen verständigen sich die Tiere im Wasser.
7. Bei Ebbe besiedelt dieses Tier Sandbänke der Wattenmeere.
8. Unter Wasser besitzt es ein gutes Sehvermögen.
9. Die Körperlänge kann bis zu 2,60 m betragen.
10. Es hat einen stromlinienförmigen Körperbau.

Falsche Fährte?! – **Das Akkusativ-Objekt zeigt die Lösung** Lösung

© Verlag an der Ruhr • 45422 Mülheim an der Ruhr • www.verlagruhr.de • ISBN 3-86072-959-4

Alles, was schwimmt: Delfin, Seehund oder Wal

Mithilfe der Akkusativ-Objekte errätst du, um welches Tier es sich handelt.

Nach dem Akkusativ-Objekt fragst du: *WEN* oder *WAS?*

3. WEN oder WAS zeigt es außerhalb des Wassers? .... (unbeholfene Bewegungen)
5. WEN oder WAS kann es auf seiner Nase balancieren? . (Bälle)
7. WEN oder WAS besiedelt dieses Tier bei Ebbe? .... (Sandbänke der Wattenmeere)
8. WEN oder WAS besitzt es unter Wasser? .... (ein gutes Sehvermögen)
10. WEN oder WAS hat es? .... (einen stromlinienförmigen Körperbau)

Das gesuchte Tier ist also: **Der Seehund**!

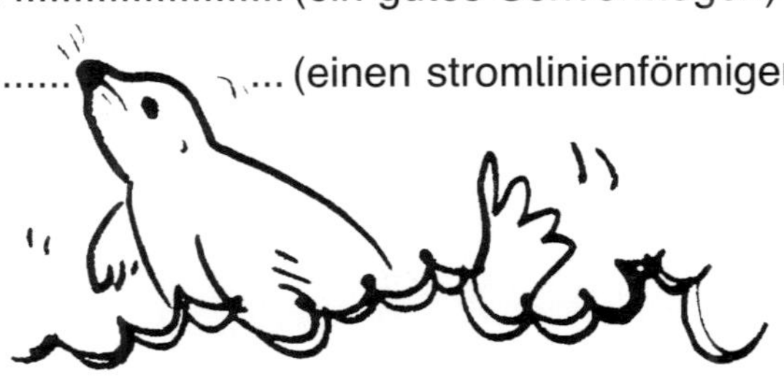

Alles, was kriecht: Schlange, Regenwurm oder Schnecke

1. Manche Arten sind giftig.
2. Es verbessert den Boden.
3. Es frisst abgestorbene, verfaulte Pflanzenteile.
4. Die Nahrungssuche findet nachts statt.
5. Es kann bis zu 2 m tiefe Gänge graben.
6. Es ist ein Kletterkünstler.
7. Die Sonne trocknet seine Haut aus.
8. Sein Haus sitzt direkt an seinem Körper.
9. Es besitzt einen knochenlosen Körper.
10. Viele glauben, dass seine Haut glitschig ist.

© Verlag an der Ruhr • 45422 Mülheim an der Ruhr • www.verlagruhr.de • ISBN 3-86072-959-4

Alles, was kriecht: Schlange, Regenwurm oder Schnecke

Mithilfe der Akkusativ-Objekte errätst du, um welches Tier es sich handelt.

Nach dem Akkusativ-Objekt fragst du: *WEN* oder *WAS?*

2. WEN oder WAS verbessert es? .... (den Boden)
3. WEN oder WAS frisst es? .... (abgestorbene verfaulte Pflanzenteile)
5. WEN oder WAS kann es graben? .... (bis zu 2 m tiefe Gänge)
7. WEN oder WAS trocknet die Sonne aus? .... (seine Haut)
9. WEN oder WAS besitzt es? .... (einen knochenlosen Körper)

Das gesuchte Tier ist also: **Der Regenwurm**!

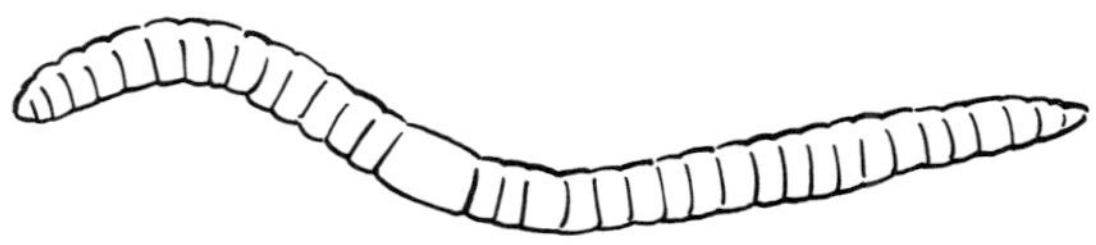

Alles, was fliegt: Fledermaus, Schmetterling oder Vogel

1. Es hat einen kleinen dünnen Körper mit vier großen bunten Flügeln.
2. Einige überwintern bei uns, andere ziehen in den Süden.
3. Viele Menschen fürchten sich vor ihnen.
4. Es transportiert Blütenstaub von einer Pflanze zur anderen.
5. Seine Körpertemperatur bleibt immer gleich.
6. Es besitzt empfindliche Geschmacksorgane an den Beinen.
7. Sein Kopf wird beim Schlafen mit einem Flügel bedeckt.
8. Mit seinen großen Ohren kann es sich nachts orientieren.
9. Manche suchen ihre Nahrung am Tag, einige in der Nacht.
10. Zum Saugen benutzt es seinen langen röhrenförmigen Rüssel.

Falsche Fährte?! – **Das Akkusativ-Objekt zeigt die Lösung**

Alles, was fliegt: Fledermaus, Schmetterling oder Vogel

Mithilfe der Akkusativ-Objekte errätst du, um welches Tier es sich handelt.

Nach dem Akkusativ-Objekt fragst du: *WEN* oder *WAS?*

1. WEN oder WAS hat es? .... (einen kleinen dünnen Körper mit vier großen bunten Flügeln)
4. WEN oder WAS transportiert es? .... (Blütenstaub)
6. WEN oder WAS besitzt es an den Vorderbeinen? .... (empfindliche Geschmacksorgane)
9. WEN oder WAS suchen manche am Tag, einige in der Nacht? .... (ihre Nahrung)
10. WEN oder WAS benutzt es zum Saugen? .... (seinen langen röhrenförmigen Rüssel)

Das gesuchte Tier ist also: **Der Schmetterling**!

© Verlag an der Ruhr • 45422 Mülheim an der Ruhr • www.verlagruhr.de • ISBN 3-86072-959-4

Handwerkszeug Grammatik: SATZGLIEDER 31

Auf heißer Spur! – Das Dativ-Objekt ist des Rätsels Lösung

So geht es:

Löse die Rätsel!

1. Nimm dir eine Karte und lies jeden einzelnen Satz!
2. Bestimme das Dativ-Objekt, wenn es eins gibt!
3. Markiere das Dativ-Objekt!
4. Schreibe die passenden Fragen dazu auf und trage das vollständige Dativ-Objekt in das Kreuzworträtsel ein!
5. Wenn du alles richtig gemacht hast, kannst du nun die Antwort erkennen!

Tipp

© Verlag an der Ruhr ▪ 45422 Mülheim an der Ruhr ▪ www.verlagruhr.de ▪ ISBN 3-86072-959-4

Finde das Dativ-Objekt

Das Dativ-Objekt ist eine Satzergänzung.
Nicht jeder Satz hat ein Dativ-Objekt!
Du fragst danach:

Der Hund vertraut

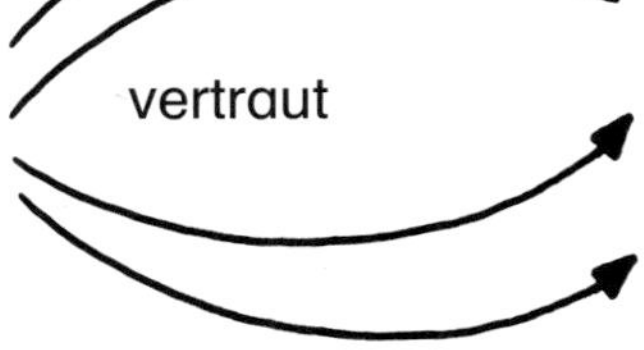

ihr/ihm/mir.
seinem Frauchen.
dem Herrchen.
Niemandem.
der Katze.

Profi-Tipp:

⇨ **Diese Verben brauchen ein Dativ-Objekt:**
ähneln, begegnen, danken, gefallen, gehorchen, gehören, gönnen, gratulieren, helfen, raten, schaden, schenken, schicken, zuhören

Wem gehört Schloss Eckstein?

1. Graf Albert ist tot.
2. Kurz zuvor schickte er aber Ritter Eckhart sein Testament.
3. Natürlich möchte jeder gerne das tolle Schloss erben.
4. Das Schloss sollte Graf Otto gehören!
5. So denkt jedenfalls seine Ehefrau Agatha.
6. Der Schwester gönnt Agatha das Schloss auf keinen Fall!
7. Cousine Alma würde das auch ganz und gar nicht gefallen.
8. Ihr steht das Schloss zu.
9. Sie hat ihren Kindern schon immer von dem Schloss vorgeschwärmt.
10. Nur Ritter Eckhart weiß: Es wird eine Überraschung geben!
11. Einem Menschen hat Graf Albert immer vertraut!

Auf heißer Spur! – **Das Dativ-Objekt ist des Rätsels Lösung** Rätsel

Wem gehört Schloss Eckstein?

In dem Text gibt es 7 Dativ-Objekte.
Setze sie der Reihe nach vollständig ein!

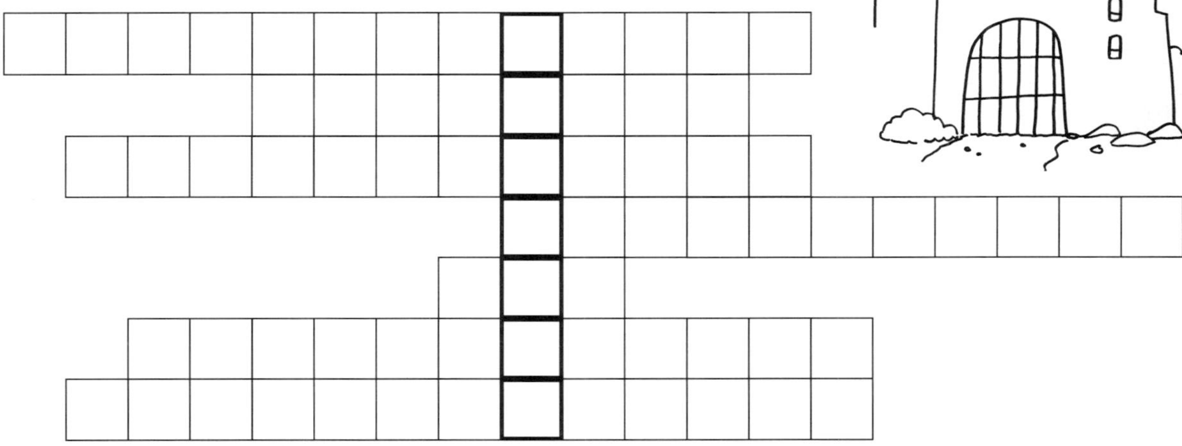

Das Schloss gehört der ______________________________ !

© Verlag an der Ruhr • 45422 Mülheim an der Ruhr • www.verlagruhr.de • ISBN 3-86072-959-4

Handwerkszeug Grammatik: SATZGLIEDER 33

Wem gehört Schloss Eckstein?

1. ––
2. WEM schickte er aber kurz zuvor sein Testament?
3. ––
4. WEM sollte das Schloss gehören?
5. ––
6. WEM gönnt Agatha das Schloss auf keinen Fall?
7. WEM würde das auch ganz und gar nicht gefallen?
8. WEM steht das Schloss zu?
9. WEM hat sie schon immer von dem Schloss vorgeschwärmt?
10. ––
11. WEM hat Graf Albert immer vertraut?

Wem gehört das mutterlose Ei?

1. Auf dem Bauernhof ist etwas los!
2. Der Maus fiel es als Erstes auf.
3. Sofort sagte sie dem Schaf Bescheid:
4. Mitten auf dem Misthaufen liegt ein mutterloses Ei!
5. Bestimmt gehört das Ei der Henne Hanna!
6. Dem Schwein geht das viel zu schnell:
7. Schließlich könnte das Ei auch der Gans gehören!
8. Vorsichtig rollen sie das Ei über den Hof.
9. Auch der Ente ist die Sache mit dem Ei zu Ohren gekommen.
10. Nun brüten alle das Ei gemeinsam aus.
11. Dann werden sie schon sehen, wer das Ei verloren hat ...

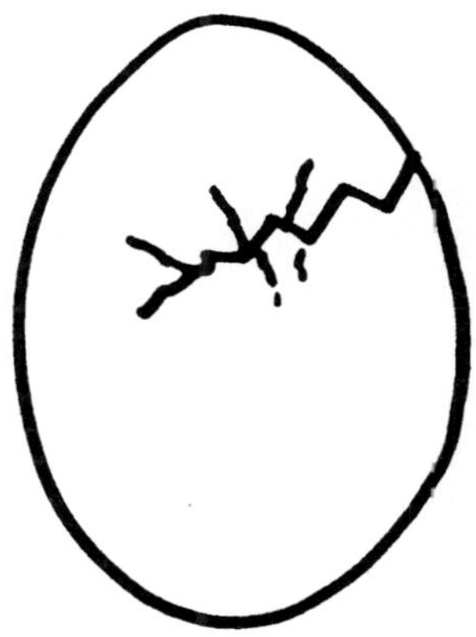

© Verlag an der Ruhr • 45422 Mülheim an der Ruhr • www.verlagruhr.de • ISBN 3-86072-959-4

Handwerkszeug Grammatik: SATZGLIEDER 34

Wem gehört das mutterlose Ei?

In dem Text gibt es 6 Dativ-Objekte.
Setze sie der Reihe nach vollständig ein!

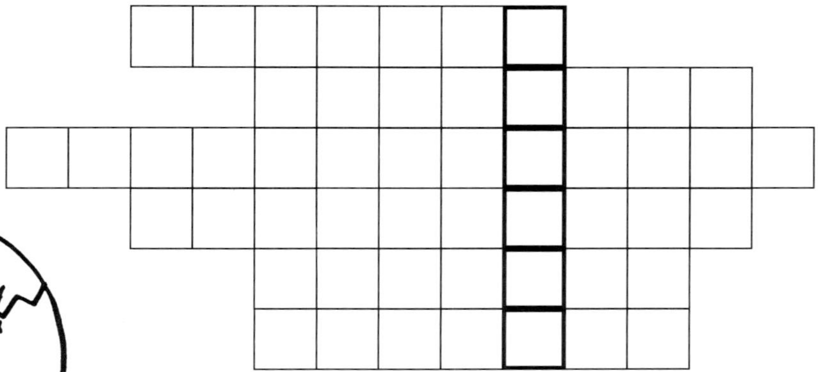

Eine Überraschung! Das Ei gehört einem ______________________________!

Wem gehört denn nun das mutterlose Ei?

1. ——
2. WEM fiel es als Erstes auf?
3. WEM sagte sie sofort Bescheid?
4. ——
5. WEM gehört das Ei bestimmt?
6. WEM geht das viel zu schnell?
7. WEM könnte das Ei schließlich auch gehören?
8. ——
9. WEM ist die Sache mit dem Ei auch zu Ohren gekommen?
10. ——
11. ——

© Verlag an der Ruhr • 45422 Mülheim an der Ruhr • www.verlagruhr.de • ISBN 3-86072-959-4

Wem schreibt Anna einen Liebesbrief?

1. Anna erzählt ihrer Freundin von ihrem Problem:
2. Sie hat einige Jungs kennen gelernt und kann sich nicht entscheiden.
3. Sie hat Thomas sogar schon einen kleinen Kuss gegeben.
4. Dominik sagt ihrer Mutter immer so höflich „Guten Tag“.
5. Außerdem hört er ihr immer sehr aufmerksam zu.
6. Er hat Anna viele tolle Dinge geschenkt.
7. Christian hat sie schon viele Geheimnisse anvertraut.
8. Außerdem ist er sehr lustig.
9. Vor dem Schlafengehen streichelt sie ihrem Kater über den Kopf und lächelt.
10. Morgen schreibt sie einen Liebesbrief!
11. Sie weiß jetzt auch schon, wer den Brief bekommt ...

Wem schreibt Anna einen Liebesbrief?

In dem Text gibt es 7 Dativ-Objekte.
Setze sie der Reihe nach vollständig ein!

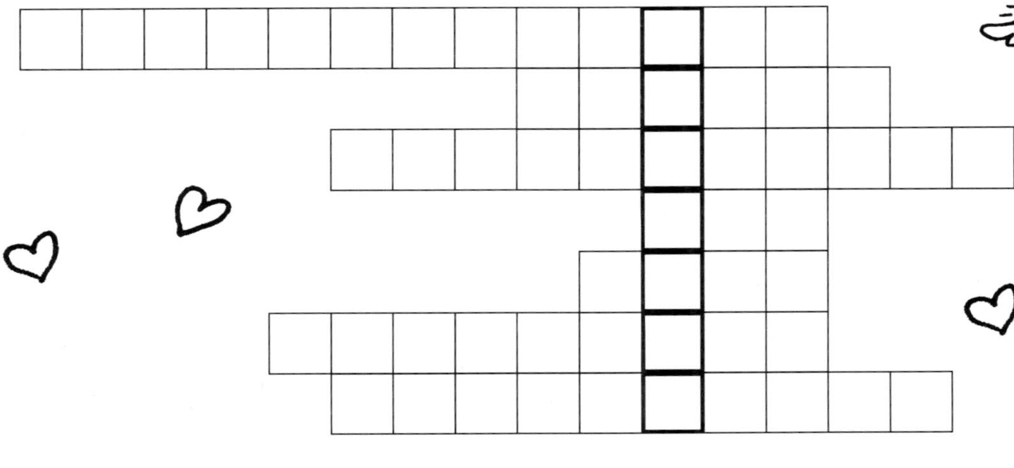

Anna schreibt______________________________ einen Liebesbrief!

© Verlag an der Ruhr • 45422 Mülheim an der Ruhr • www.verlagruhr.de • ISBN 3-86072-959-4

Wem schreibt Anna einen Liebesbrief?

1. WEM erzählt Anna von ihrem Problem?
2. ——
3. WEM hat sie schon einen kleinen Kuss gegeben?
4. WEM sagt Dominik immer so höflich „Guten Tag“?
5. WEM hört er immer sehr aufmerksam zu?
6. WEM hat er viele tolle Dinge geschenkt?
7. WEM hat sie schon viele Geheimnisse anvertraut?
8. ——
9. WEM streichelt sie vor dem Schlafengehen über den Kopf?
10. ——
11. ——

Wem traut Direktor Schneider nicht?

1. Ein Schüler hat Lehrer Hannes die Tasche geklaut.
2. Niemandem ist etwas aufgefallen.
3. Nun sitzen einige Schüler in Direktor Schneiders Büro.
4. Direktor Schneider schaut den Schülern streng ins Gesicht.
5. Simon ist nichts anzusehen.
6. Annika blinzelt Direktor Schneider frech zu.
7. Karsten hat auch schon öfter etwas angestellt.
8. Eine solche Tat ist Jakob auf jeden Fall zuzutrauen.
9. Aber Direktor Schneider weiß trotzdem, wer es war ...

Wem traut Direktor Schneider nicht?

In dem Text gibt es 6 Dativ-Objekte.
Setze sie der Reihe nach vollständig ein!

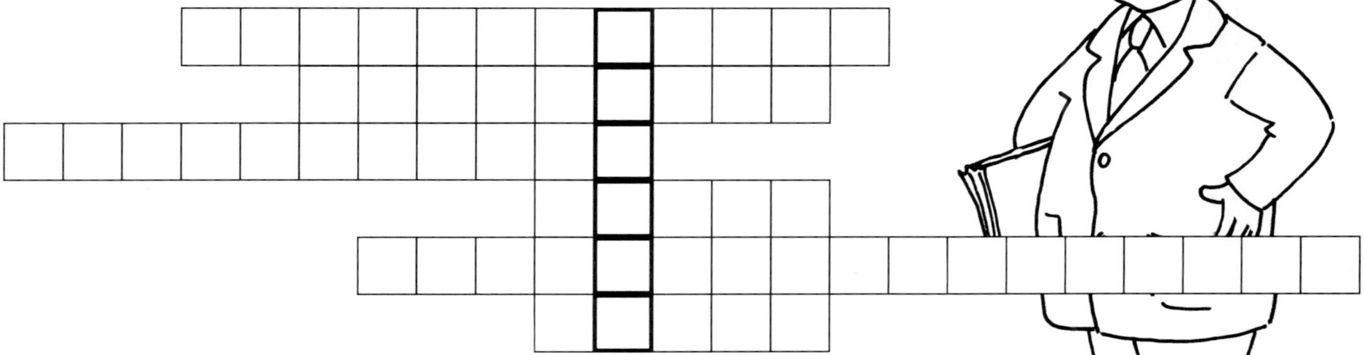

Direktor Schneider traut ______________________________ nicht!

Auf heißer Spur! – **Das Dativ-Objekt ist des Rätsels Lösung** Lösungshilfe

Wem traut Direktor Schneider nicht?

1. WEM hat ein Schüler die Tasche geklaut?
2. WEM ist etwas aufgefallen?
3. ––
4. WEM schaut Direktor Schneider streng ins Gesicht?
5. WEM ist nichts anzusehen?
6. WEM blinzelt Annika frech zu?
7. ––
8. WEM ist eine solche Tat auf jeden Fall zuzutrauen?
9. ––

© Verlag an der Ruhr • 45422 Mülheim an der Ruhr • www.verlagruhr.de • ISBN 3-86072-959-4

Handwerkszeug Grammatik: SATZGLIEDER 38

Wem schenkt Mark einen Blumenstrauß?

1. Mark möchte einer Person gerne danken.
2. Diesem Menschen schenkt er einen Blumenstrauß.
3. Er denkt an seine Mutter.
4. Sie kocht immer so leckeres Essen.
5. Seiner Lehrerin verdankt er eine gute Note in Mathematik.
6. Renate ist seine Freundin.
7. Er hat Renate immer vertraut.
8. Seinem Vater würde ein Blumenstrauß auch gefallen.
9. Ein Dankeschön schuldet er auch noch seiner Großmutter ...

Wem schenkt Mark einen Blumenstrauß?

In dem Text gibt es 6 Dativ-Objekte.
Setze sie der Reihe nach vollständig ein!

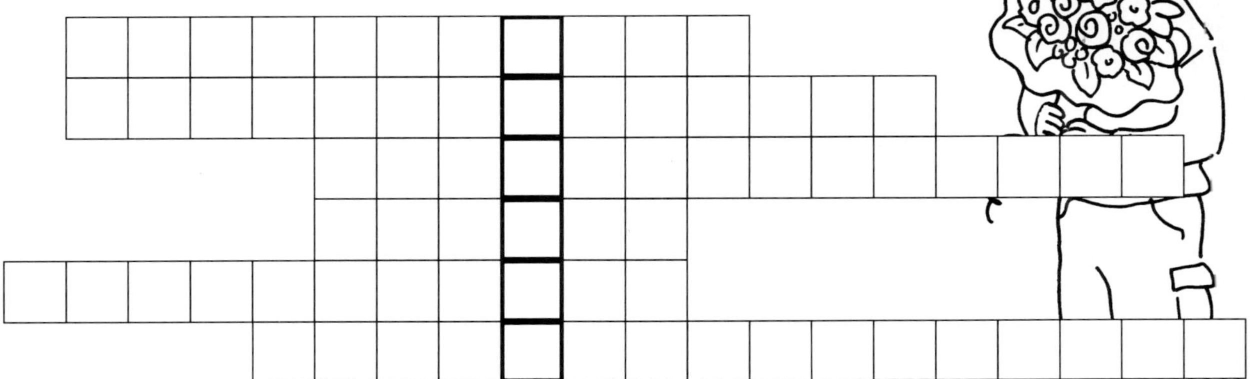

Mark schenkt ______________________________ den Blumenstrauß!

© Verlag an der Ruhr • 45422 Mülheim an der Ruhr • www.verlagruhr.de • ISBN 3-86072-959-4

Handwerkszeug Grammatik: SATZGLIEDER 39

Wem schenkt Mark einen Blumenstrauß?

1. WEM möchte Mark gerne danken?
2. WEM schenkt er einen Blumenstrauß?
3. ——
4. ——
5. WEM verdankt er eine gute Note in Mathematik?
6. ——
7. WEM hat er immer vertraut?
8. WEM würde ein Blumenstrauß auch gut gefallen?
9. WEM schuldet er auch noch ein Dankeschön?

© Verlag an der Ruhr • 45422 Mülheim an der Ruhr • www.verlagruhr.de • ISBN 3-86072-959-4

Wem klaut der Schimpanse die Kokosnuss?

1. Auf der Insel sammeln alle Tiere fleißig Kokosnüsse.
2. Nur dem Schimpansen ist das zu langweilig.
3. Einem Sammler will er die Kokosnuss klauen.
4. Er schaut dem Nashorn neugierig über die Schulter.
5. Der Schlange geht das auf die Nerven.
6. Sie verscheucht den Schimpansen.
7. Dem Koala gehören auch schon viele Nüsse.
8. Der Schimpanse könnte auch dem Tiger eine Nuss stibitzen.
9. Durch ihre scharfen Augen entgeht der Löwin nichts.
10. Der Schimpanse wartet auf eine gute Gelegenheit ...

Wem klaut der Schimpanse die Kokosnuss?

In dem Text gibt es 7 Dativ-Objekte.
Setze sie der Reihe nach vollständig ein!

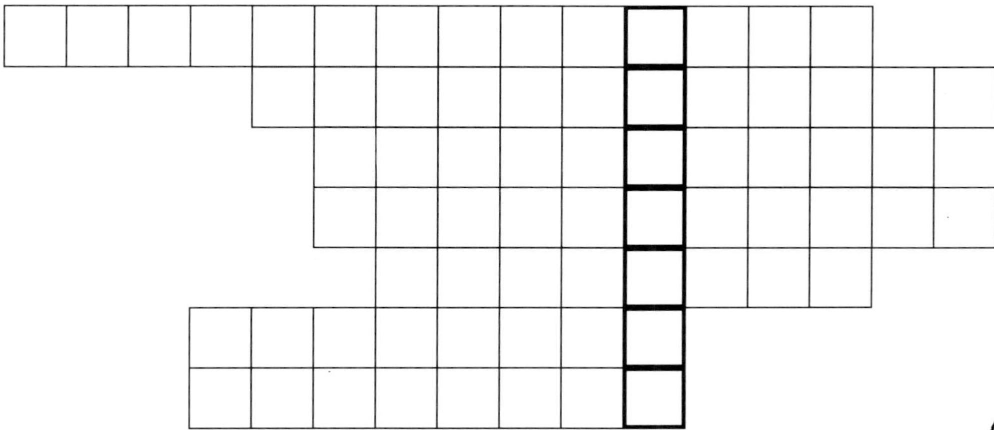

Der Schimpanse klaut dem ____________________ die Nuss!

Wem klaut der Schimpanse die Kokosnuss?

1. ––
2. WEM ist das zu langweilig?
3. WEM will er die Kokosnuss klauen?
4. WEM schaut er neugierig über die Schulter?
5. WEM geht das auf die Nerven?
6. ––
7. WEM gehören auch schon viele Nüsse?
8. WEM könnte der Schimpanse auch eine Nuss stibitzen?
9. WEM entgeht durch ihre scharfen Augen nichts?
10. ––

Zur richtigen Zeit am richtigen Ort?!
– Orts- und Zeitangaben

So geht es:

Schreibe mit Orts- und Zeitangaben spannende Texte!

1. Wähle eine Karte und lies den Text!
2. Überlege dir mögliche Zeit/Ortsangaben, die auf die Fragen in Klammern eine Antwort geben.
3. Wenn du Hilfe brauchst, schau auf der Karte „Lösungshilfe“ nach.
4. Schreibe den Text neu!

Finde die Zeitangabe

Die Zeitangabe verrät etwas über einen Zeitpunkt oder eine Zeitdauer.
Du fragst danach:

WANN? *SEIT WANN?* *WIE LANGE?*

Der Hund → bellt →
- um 18.00 Uhr.
- morgens.
- seit einer Stunde.
- die ganze Nacht.
- 10 Minuten.

© Verlag an der Ruhr • 45422 Mülheim an der Ruhr • www.verlagruhr.de • ISBN 3-86072-959-4

Zur richtigen Zeit am richtigen Ort?! – **Orts- und Zeitangaben**

Tipp

Finde die Ortsangabe

Die Orstangabe verrät etwas über einen Schauplatz, eine Herkunft oder ein Ziel.
Du fragst danach:

WO? *WOHER?* *WOHIN?*

Der Hund → ist →
- im Haus.
- in der Hütte.

Der Hund → holt → vom Tisch → einen Knochen.

Der Hund → flüchtet →
- in den Korb.
- unter die Decke.
- ins Haus.

© Verlag an der Ruhr • 45422 Mülheim an der Ruhr • www.verlagruhr.de • ISBN 3-86072-959-4

Handwerkszeug Grammatik: SATZGLIEDER 43

Krabbensalat?!

(WO?) haben die Fischer Krabben gefischt und sie nun Chefkoch Meier (WO?) aufgetischt.
Der reibt sich die Hände: „Das wird eine Meistertat!“,
denn (WO?) steht heute: „Frischer Krabbensalat“.
Chefkoch Meier sucht (WO?) nach scharfem Besteck,
schaut wieder (WOHIN?): So ein Mist – die Krabben sind weg!
„Na wartet, euch mache ich Beine!“,
sucht (WO?), doch auch (WO?) findet er keine.
Doch dann hat er sie entdeckt – (WO?) haben sie sich versteckt.
Da keine der Krabben (WO?) enden will,
stürzen sie sich auf den Chefkoch mit Gebrüll.
Nach dieser Attacke bedauert es Chefkoch Meier zwar sehr,
aber Krabbensalat gibt es (WO?) wohl niemals mehr.
Für die Krabben ist das ein echtes Glück, fröhlich flüchten sie (WOHIN?) zurück.

Krabbensalat?!

Hier findest du ein paar Möglichkeiten, die du in den Text einsetzen kannst:

WO?
- ⇨ im Meer
- ⇨ in der Schublade
- ⇨ im Restaurant
- ⇨ im Schornstein
- ⇨ im Suppentopf
- ⇨ in der Gaststätte
- ⇨ in der Küche
- ⇨ unter dem Tisch
- ⇨ auf der Arbeitsplatte
- ⇨ im Salat
- ⇨ auf der Speisekarte
- ⇨ im Mülleimer
- ⇨ unter einer Zeitung

WOHIN?
- ⇨ ins Meer
- ⇨ in die Freiheit
- ⇨ auf den Tisch
- ⇨ in seinen Topf

Auf den Hund gekommen!

Die Sonne scheint (WO?) – ein herrlicher Tag!

Gerade so, wie Hund Leopold es mag.

Allerdings hat sich ein Floh (WO?) versteckt, noch hat Leopold ihn nicht entdeckt.

Aber jetzt beißt er den Hund (WOHIN?) mit Genuss,

sodass der arme Hund sich schütteln muss.

Er wälzt sich (WO?) und läuft (WOHIN?) ganz schnell, denn ihm juckt schon das ganze Fell.

Ein Kribbeln (WO?), er hält's nicht aus –

schon juckt's (WO?) – oh, welch ein Graus.

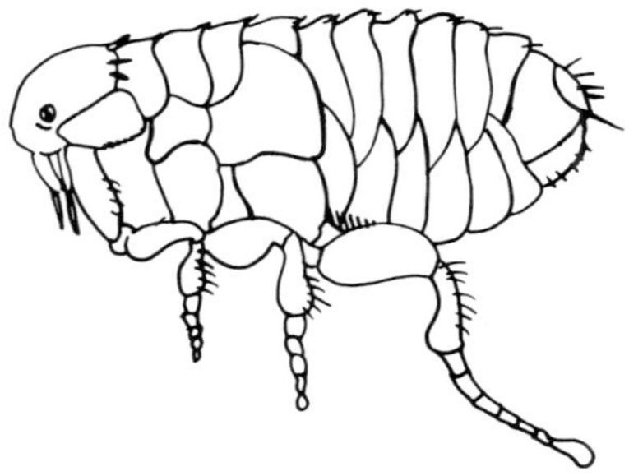

Der Floh scheint nun (WO?) zu sein!

Oder vielleicht doch (WO?) – das ist gemein!

Plötzlich bemerkt er (WO?) ein leichtes Kratzen,

versucht (WOHIN?) zu gelangen mit seinen Tatzen.

Endlich wird dem Floh nun Angst und Bange, (WO?), da bleibt er nicht lange.

Auf den Hund gekommen!

Hier findest du ein paar Möglichkeiten, die du in den Text einsetzen kannst:

Wo?

⇨ im Fell
⇨ im Garten
⇨ am Schwanz
⇨ an der Pfote
⇨ auf dem Rücken
⇨ im Ohr
⇨ überall
⇨ am Hals

Wohin?

⇨ in den Po
⇨ in die Nase
⇨ an seinen Rücken
⇨ in seinen Schwanz

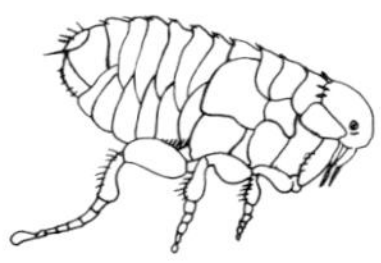
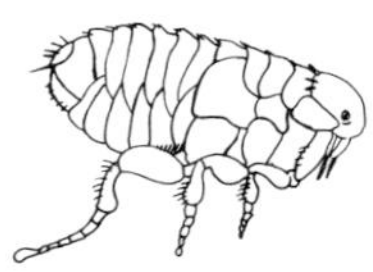
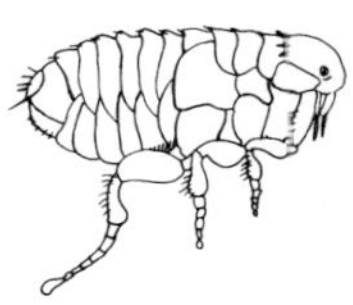

Durcheinander!

Hexe Trixie ärgert sich – sie findet ihre Brille nicht.
Zuletzt hat sie die Brille (WO?) gesehen,
aber (WO?) ist sie nicht, was soll geschehen?
Hat sie die Brille vielleicht (WOHIN?) gelegt oder sie (WOHIN?) gefegt?
Trixie schaut (WO?) und (WO?), doch die Brille bleibt verschwunden,
auch (WO?) hat sie sie nicht gefunden.
Vielleicht sollte sie (WOHIN?) laufen und sich (WO?) eine neue kaufen?
Nein, wahrscheinlich wird sie die Brille (WO?) finden,
schließlich können Brillen nicht einfach so verschwinden!
Der Spiegel zeigt Trixie ihr Gesicht –
sie fasst sich (WOHIN?) und glaubt es nicht:
(WO?) thronte die ganze Zeit in aller Stille –
natürlich Hexe Trixies Brille!

Durcheinander!

Hier findest du ein paar Möglichkeiten, die du in den Text einsetzen kannst:

Wo?
- ⇨ auf der Nase
- ⇨ im Gesicht
- ⇨ im Badezimmer
- ⇨ in der Schreibtischschublade
- ⇨ im Hexenkessel
- ⇨ im Schrank
- ⇨ im Regal
- ⇨ in der Hosentasche
- ⇨ in der Toilette

Wohin?
- ⇨ unter das Bett
- ⇨ in den Mülleimer
- ⇨ zum Optiker
- ⇨ in das Brillengeschäft
- ⇨ ins Gesicht

© Verlag an der Ruhr • 45422 Mülheim an der Ruhr • www.verlagruhr.de • ISBN 3-86072-959-4

Zahnarztbesuch

(SEIT WANN?) hat Jonas ein Loch im Zahn, also steht (WANN?) „Zahnarzt“ auf dem Plan.

(WANN?) kommt er in der Praxis an,

er muss (WIE LANGE?) warten, dann ist er dran.

(WANN?) bemerkt er ein mulmiges Gefühl im Magen –

dieses Warten kann er nicht ertragen!

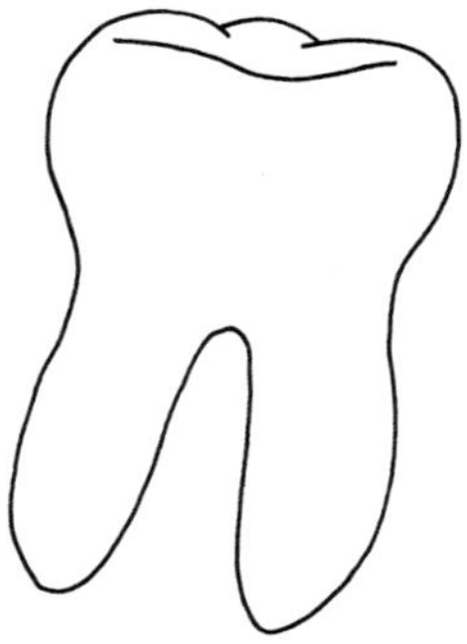

(WANN?) hat er Schweißperlen im Gesicht,

(WANN?) ist er vollkommen zappelig.

Vielleicht hält er es (WIE LANGE?) aus,

aber (WANN?) denkt er sich: Ich muss hier raus!

(SEIT WANN?) hat er ganz feuchte Hände,

doch (WANN?) ist die Warterei zu Ende!

(SEIT WANN?) ist der Zahnarzt nun schon überstanden und Jonas denkt sich ganz cool:

„Wer bitte hat denn Angst vorm Zahnarztstuhl???“

Zahnarztbesuch

Hier findest du ein paar Möglichkeiten, die du in den Text einsetzen kannst:

Wann?
- ⇨ um 12 Uhr
- ⇨ am Montag
- ⇨ in dieser Woche
- ⇨ sofort
- ⇨ gleich
- ⇨ etwas später
- ⇨ in diesem Moment
- ⇨ endlich
- ⇨ in dieser Sekunde

Wie lange?
- ⇨ 10 Minuten
- ⇨ eine halbe Stunde
- ⇨ noch eine Sekunde

Seit wann?
- ⇨ seit zwei Stunden
- ⇨ seit zwei Wochen
- ⇨ seit einem Jahr

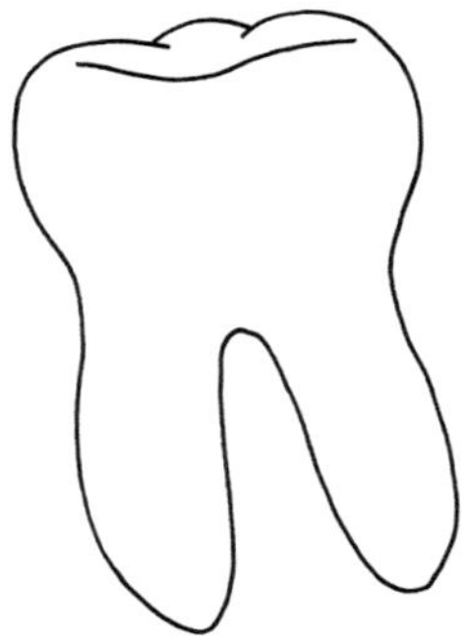

Verschlafen!

(WANN?) hört Meike den Wecker schellen,
müde langt sie hinüber, um ihn auszustellen.
(WIE LANGE?) kann sie noch weiterträumen,
den Schulbus wird sie dadurch wohl kaum versäumen.
(WANN?) blickt sie noch einmal auf die Uhr – viel zu spät, was mach ich nur?
Ihr bleibt (WIE LANGE?), um sich zu frisieren,
und sie braucht (WIE LANGE?), um sich ein Brot zu schmieren.
(WANN?) verschlingt sie ein Brötchen auf die Schnelle,
(WANN?)kommt sie zur Bushaltestelle.
Dort kriegt sie einen Riesenschreck, denn (SEIT WANN?) ist der Schulbus weg.
Sie braucht (WIE LANGE?) um den Weg zu Fuß zu laufen,
(WANN?) fängt sie an zu schnaufen. Völlig k.o. kommt sie (WANN?) in der Schule an
und denkt für sich: „Nochmal überhör ich den Wecker nicht!“

Verschlafen!

Hier findest du ein paar Möglichkeiten, die du in den Text einsetzen kannst:

Wann?
- ⇨ um kurz vor sechs
- ⇨ 10 Minuten später
- ⇨ um halb acht
- ⇨ um fünf vor acht,
- ⇨ dann
- ⇨ endlich
- ⇨ früh morgens
- ⇨ viel zu spät

Wie lange?
- ⇨ 10 Sekunden
- ⇨ eine Minute
- ⇨ keine Minute
- ⇨ nicht einmal zehn Sekunden
- ⇨ einen Augenblick

Seit wann?
- ⇨ seit zwei Minuten
- ⇨ seit einer halben Stunde
- ⇨ seit einer Ewigkeit

Dumm gelaufen!

(WANN?) hat sich Tom in Jana verliebt,
doch weiß Jana nicht, dass es (SEIT WANN?) für Tom auch noch Barbara gibt.
Doch ist da nicht nur Barbara, sondern er trifft sich (SEIT WANN?) auch noch mit Julia und Annika.
(WANN?) will er Essen gehen mit Annika, (WANN?) trifft er sich mit Barbara.
Mit Julia will er (WANN?) ins Kino gehen,
und natürlich will Tom (WANN?) auch Jana sehen.
Er will nicht mal (WIE LANGE?) daran denken,
sein Herz nur an eine zu verschenken,
(WANN?) sitzt Tom im Kino mit Julia,
doch hinter ihm sitzt (SEIT WANN?) Annika –
zusammen mit Jana und Barbara!
(WANN?) beschließen die vier den Film ohne Tom zu sehen
und sagen zu ihm nur noch: „Auf Wiedersehen!“

Dumm gelaufen!

Hier findest du ein paar Möglichkeiten, die du in den Text einsetzen kannst:

Wann?
- ⇨ am Abend,
- ⇨ am Morgen
- ⇨ in dieser Nacht
- ⇨ letztes Jahr
- ⇨ vorigen Monat
- ⇨ am Montag
- ⇨ am Dienstag
- ...
- ⇨ heute
- ⇨ sofort
- ⇨ in diesem Moment

Wie lange?
- ⇨ eine Sekunde lang
- ⇨ einen Augenblick
- ⇨ einen Moment

Seit wann?
- ⇨ seit einer Weile
- ⇨ seit einiger Zeit
- ⇨ seit letzter Woche
- ⇨ seit kurzem

Knack den Satz
– Die Satzglieder verraten dir das Geheimnis (A)

So geht es:

Entschlüssele den Text!

⇨ Wähle eine Karte und lies die Wörter!

⇨ Baue daraus einen sinnvollen Satz und schreibe ihn auf!

⇨ Mache nun die Umstellprobe und kreise die einzelnen Satzglieder ein!

⇨ Lies dir deinen Text noch einmal durch!

⇨ Überlege: Welche berühmte Figur ist gemeint?

© Verlag an der Ruhr • 45422 Mülheim an der Ruhr • www.verlagruhr.de • ISBN 3-86072-959-4

Knack den Satz
– Die Satzglieder verraten dir das Geheimnis (B)

So geht es:

Entschlüssele den Text!

⇨ Nimm eine Textkarte und den passenden Bauplan!

⇨ Lies die Satzbauteile!

⇨ Baue daraus einen sinnvollen Satz!

⇨ Schau dir den Bauplan an und schreibe die Satzglieder an die richtige Stelle im Satz!

⇨ Überprüfe deinen Text mit der Lösungskarte!

⇨ Überlege: Welche berühmte Figur ist gemeint?

S	–	Subjekt
P	–	Prädikat
AO	–	Akkusativ-Objekt
DO	–	Dativ-Objekt
Z	–	Zeitangabe
O	–	Ortsangabe

Erkenne die Satzglieder

Ein Satz setzt sich aus einzelnen Wörtern zusammen, z.B. aus Nomen, Adjektiven und Verben.

buddelt | Loch | Hund | ein | der

Damit der Satz aber sinnvoll wird,
müssen die Einzelteile noch zusammen gepuzzelt werden: Der Hund | buddelt | ein Loch .

Diese größeren Puzzlestücke sind also die Satzglieder, die du durch die Umstellprobe herausfinden kannst.

Buddelt | der Hund | ein Loch ?

Ein Loch | buddelt | der Hund .

Wörter und Wortgruppen, die sich bei einer Umstellprobe verschieben lassen, bilden ein Satzglied.

Knack den Satz – **Die Satzglieder verraten dir das Geheimnis** »Text

© Verlag an der Ruhr • 45422 Mülheim an der Ruhr • www.verlagruhr.de • ISBN 3-86072-959-4

Echt frech!

1. gehört | Mädchen | große | eine | diesem | Villa
2. Gesicht | viele | hat | seinem | Sommersprossen | in | es
3. hat | lustige | im | es | Ideen | Kopf
4. Mädchen | zwei | dieses | Strümpfe | trägt | verschiedene
5. Vater | zur | der | fährt | See
6. Freizeit | der | Tommi | trifft | in | Annika | es | und

Handwerkszeug Grammatik: SATZGLIEDER 51

Echt frech!

Baue den Text nach diesem Bauplan:

1. DO | P | S
2. O | P | S | AO
3. S | P | AO | O
4. S | P | AO
5. S | P | O
6. Z | P | S | AO

Knack den Satz – **Die Satzglieder verraten dir das Geheimnis** » **Lösung**

© Verlag an der Ruhr • 45422 Mülheim an der Ruhr • **www.verlagruhr.de** • ISBN 3-86072-959-4

Echt frech!

Hier siehst du eine Möglichkeit – die Satzglieder stehen zusammen.

1. [Diesem Mädchen] [gehört] [eine große Villa] .
2. [In seinem Gesicht] [hat] [es] [viele Sommersprossen] .
3. [Es] [hat] [lustige Ideen] [im Kopf] .
4. [Dieses Mädchen] [trägt] [zwei verschiedene Strümpfe] .
5. [Der Vater] [fährt] [zur See] .
6. [In der Freizeit] [trifft] [es] [Tommi und Annika] .

Lösung: *Pippi Langstrumpf*

Echt zauberhaft!

1. Junge | der | wohnt | England | in
2. Zeit | Cousin | ihn | ganze | sein | ärgert | die
3. Eltern | vor | Jahren | starben | seine | vielen
4. Nase | auf | trägt | seiner | Brille | er | eine
5. Schule | er | in | lernt | einer | Zauberei | die
6. hat | Stirn | er | Narbe | eine | seiner | auf

© Verlag an der Ruhr • 45422 Mülheim an der Ruhr • www.verlagruhr.de • ISBN 3-86072-959-4

Knack den Satz – **Die Satzglieder verraten dir das Geheimnis** » Bauplan

Echt zauberhaft!

Baue den Text nach diesem Bauplan:

1.	S	P	O	
2.	S	P	AO	Z
3.	Z	P	S	
4.	O	P	S	AO
5.	O	P	S	AO
6.	S	P	AO	O

© Verlag an der Ruhr • 45422 Mülheim an der Ruhr • www.verlagruhr.de • ISBN 3-86072-959-4

Handwerkszeug Grammatik: SATZGLIEDER 53

Echt zauberhaft!

Hier siehst du eine Möglichkeit – die Satzglieder stehen zusammen.

1. [Der Junge] [wohnt] [in England].
2. [Sein Cousin] [ärgert] [ihn] [die ganze Zeit].
3. [Vor vielen Jahren] [starben] [seine Eltern].
4. [Auf seiner Nase] [trägt] [er] [eine Brille].
5. [In einer Schule] [lernt] [er] [die Zauberei].
6. [Er] [hat] [eine Narbe] [auf seiner Stirn].

Lösung: Harry Potter

Echt schlau!

1. [diesen] [Mann] [Wissenschaft] [interessiert] [die]
2. [den] [er] [tolle] [Experimente] [Kindern] [zeigt]
3. [Mann] [Garten] [arbeitet] [der] [viele] [Stunden] [im]
4. [eine] [trägt] [er] [jeden] [Latzhose] [Tag]
5. [in] [Bauwagen] [er] [einem] [wohnt]
6. [Nachbarn] [seinem] [lustige] [Streiche] [er] [spielt]

Echt schlau!

Baue den Text nach diesem Bauplan:

1.	S	P	AO	
2.	S	P	DO	AO
3.	S	P	Z	O
4.	Z	P	S	AO
5.	S	P	O	
6.	DO	P	S	AO

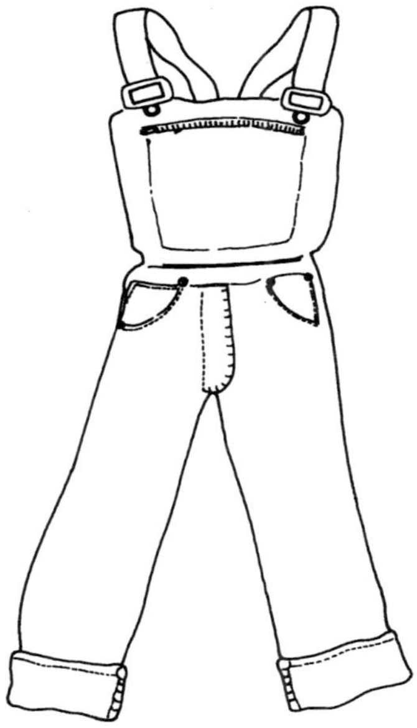

Echt schlau!

Hier siehst du eine Möglichkeit – die Satzglieder stehen zusammen.

1. Die Wissenschaft | interessiert | diesen Mann .
2. Er | zeigt | den Kindern | tolle Experimente .
3. Der Mann | arbeitet | viele Stunden | im Garten .
4. Jeden Tag | trägt | er | eine Latzhose .
5. Er | wohnt | in einem Bauwagen .
6. Seinem Nachbarn | spielt | er | lustige Streiche .

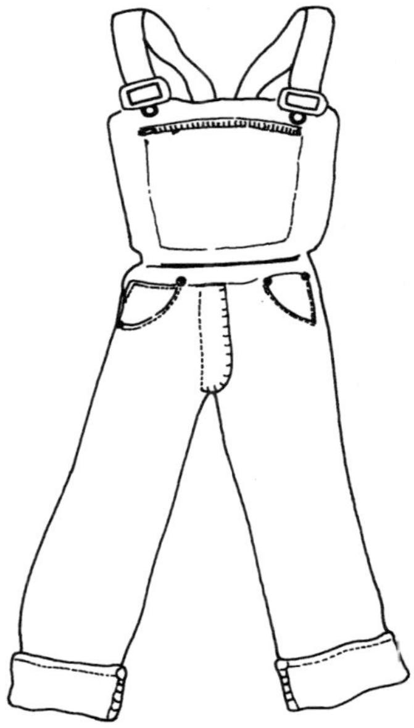

Lösung: Peter Lustig

Echt super!

1. kommt | Planeten | er | einem | von | fremden
2. Mann | hat | dieser | Superkräfte
3. arbeitet | er | Zeitung | bei | einer
4. Lois Lane | Büro | jeden | Tag | im | er | begegnet
5. Anzug | manchmal | trägt | einen | er | blauen
6. Lex Luthor | ihm | die | schadet | Zeit | ganze

Knack den Satz – **Die Satzglieder verraten dir das Geheimnis** Bauplan

© Verlag an der Ruhr • 45422 Mülheim an der Ruhr • www.verlagruhr.de • ISBN 3-86072-959-4

Echt super!

Baue den Text nach diesem Bauplan:

1.	S	P	O		
2.	S	P	AO		
3.	S	P	O		
4.	O	P	S	Z	DO
5.	Z	P	S	AO	
6.	S	P	DO	Z	

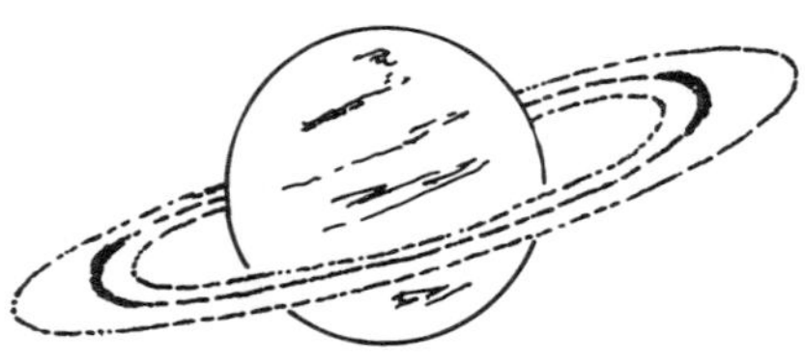

Echt super!

Hier siehst du eine Möglichkeit – die Satzglieder stehen zusammen.

1. Er | kommt | von einem fremden Planeten .
2. Dieser Mann | hat | Superkräfte .
3. Er | arbeitet | bei einer Zeitung .
4. Im Büro | begegnet | er | jeden Tag | Lois Lane .
5. Manchmal | trägt | er | einen blauen Anzug .
6. Lex Luthor | schadet | ihm | die ganze Zeit .

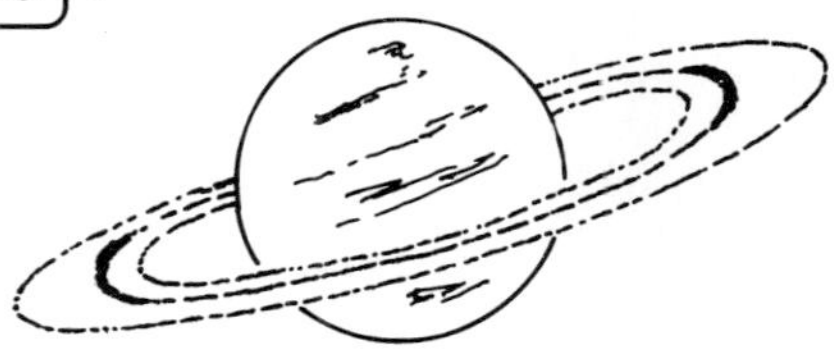

Lösung: Supermann

Knack den Satz – **Die Satzglieder verraten dir das Geheimnis** » Text

Echt tierisch!

1. aus | Comic | stammt | einem | Figur | diese
2. einigen | Kinofilmen | in | sie | die | spielt | Hauptrolle
3. vielen | vor | starb | Erfinder | der | Jahren
4. manchmal | Donald | Duck | trifft | Maus | diese
5. Mäuserich | Mäusedame | mag | eine | dieser
6. Hund | sein | Pluto | ihm | sofort | gehorcht

© Verlag an der Ruhr • 45422 Mülheim an der Ruhr • www.verlagruhr.de • ISBN 3-86072-959-4

Handwerkszeug Grammatik: SATZGLIEDER 57

Echt tierisch!

Baue den Text nach diesem Bauplan:

1. S | P | O
2. S | P | AO | O
3. S | P | Z
4. Z | P | S | AO
5. S | P | AO
6. S | P | DO | Z

© Verlag an der Ruhr • 45422 Mülheim an der Ruhr • www.verlagruhr.de • ISBN 3-86072-959-4

Echt tierisch!

Hier siehst du eine Möglichkeit – die Satzglieder stehen zusammen.

1. [Diese Figur] [stammt] [aus einem Comic].
2. [Sie] [spielt] [die Hauptrolle] [in einigen Kinofilmen].
3. [Der Erfinder] [starb] [vor vielen Jahren].
4. [Manchmal] [trifft] [diese Maus] [Donald Duck].
5. [Dieser Mäuserich] [mag] [eine Mäusedame].
6. [Sein Hund Pluto] [gehorcht] [ihm] [sofort].

Lösung: Micky Maus

Echt klein!

1. in | Werkstatt | einer | wohnt | er

2. ein | er | kleines | dort | hat | Bett

3. Haare | auf | wachsen | Kopf | seinem | feuerrote

4. diesen | beschützt | Meister | Eder | Kobold

5. spielt | anderen | lustige | Leuten | er | Streiche

6. sehen | Besucher | nie | ihn

Knack den Satz – **Die Satzglieder verraten dir das Geheimnis** >> **Bauplan**

Echt klein!

Baue den Text nach diesem Bauplan:

1. S | P | O

2. O | P | S | AO

3. O | P | S

4. S | P | AO

5. DO | P | S | AO

6. S | P | AO | Z

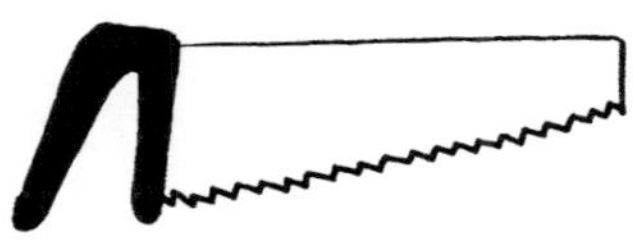

Echt klein!

Hier siehst du eine Möglichkeit – die Satzglieder stehen zusammen.

1. [Er] [wohnt] [in einer Werkstatt].
2. [Dort] [hat] [er] [ein kleines Bett].
3. [Auf seinem Kopf] [wachsen] [feuerrote Haare].
4. [Meister Eder] [beschützt] [diesen Kobold].
5. [Anderen Leuten] [spielt] [er] [lustige Streiche].
6. [Besucher] [sehen] [ihn] [nie].

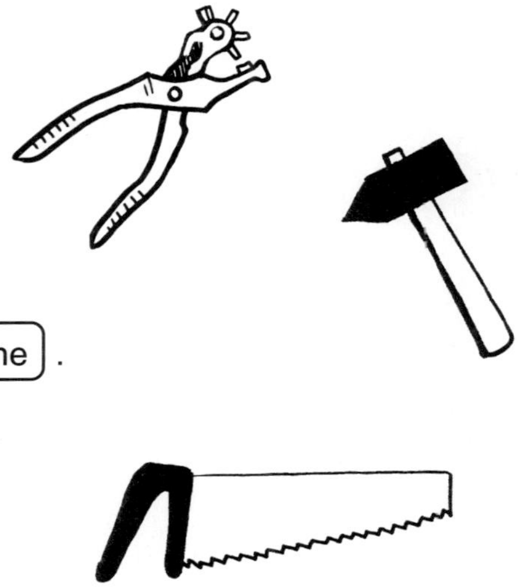

Lösung: Pumuckl

Klarer Fall?!
– Satzglieder erfragen

So geht es:

Löse die Kriminalfälle!

1. Wähle eine Karte und lies die Antworten von „Assistent Wim".
2. Erfrage das unterstrichene Satzglied und trage die Fragen ein oder schreibe die Fragen in dein Heft.
3. Lies den gesamten Krimi noch einmal: Wodurch kann der Täter überführt werden?
4. Wenn du nicht weiterweißt, schau auf der Lösungskarte nach!

Ermittlungs-Ergebnisse

1. **Einbruch im Museum**
   Der Nachtwächter hat sich verraten, da auch er über den Inhalt der Kiste Bescheid wusste!
2. **Brandstiftung im Textilhaus Schneider**
   Professor Schneider konnte nicht wissen, dass der Brand durch eine Zigarette verursacht wurde!
3. **Geldtransport**
   Charlie Knacker hätte eigentlich nicht wissen können, dass der Überfall in der Gartenstraße stattfand.
4. **Einbruch in der Apotheke**
   Wenn die Apothekerin gefesselt und geknebelt war, hätte sie selbst nie die Polizei anrufen können!
5. **Überfall im Park**
   Helmut Knitter konnte eine Beschreibung des Täters abgeben, obwohl er von hinten überfallen wurde und anschließend ohnmächtig war!
6. **Juwelendiebstahl**
   Der Verdächtige ist Karl: Am Sonntag hat keine Stadtbücherei auf – sein Alibi muss falsch sein!

Einbruch im Museum

KC: ____?

Wim: Der Einbruch wurde vor 15 Minuten gemeldet.

KC: ____?

Wim: Der Nachtwächter hat den Diebstahl gemeldet.

KC: ____?

Wim: Gestohlen wurde eine Kiste.

KC: ____?

Wim: In der Kiste befand sich eine neue Lieferung für das Museum.

KC: ____?

Wim: Bisher ist nur dem Direktor der Inhalt der Kiste bekannt.
Der ist aber seit 2 Tagen in Spanien.

KC und Wim sind am Tatort. Der Nachtwächter kommt ihnen entgegen.

Nachtwächter: Haben Sie schon herausgefunden, wer den Diamanten gestohlen hat?

KC: Oh ja, das haben wir: Sie sind verhaftet!

Einbruch im Museum

KC: WANN wurde der Einbruch gemeldet?

Wim: Der Einbruch wurde vor 15 Minuten gemeldet.

KC: WER oder WAS hat den Diebstahl gemeldet?

Wim: Der Nachtwächter hat den Diebstahl gemeldet.

KC: WER oder WAS wurde gestohlen?

Wim: Gestohlen wurde eine Kiste.

KC: WER oder WAS befand sich in der Kiste?

Wim: In der Kiste befand sich eine neue Lieferung für das Museum.

KC: WEM ist bisher der Inhalt der Kiste bekannt?

Wim: Bisher ist nur dem Direktor der Inhalt der Kiste bekannt.
Der ist aber seit 2 Tagen in Spanien.

Kommissar C. und Wim kommen am Tatort an. Der Nachtwächter kommt ihnen entgegen.

Nachtwächter: Haben sie schon herausgefunden, wer den Diamanten gestohlen hat?

KC: Oh ja, das haben wir: Sie sind verhaftet!

Brandstiftung im Textilhaus Schneider

KC: ____?

Wim: Die Firma gehört Professor Schneider.

KC: ____?

Wim: Die Spurensicherung war vorhin im Gebäude. Ich habe hier den Bericht.

KC: ____?

Wim: Nur wir haben bisher den Bericht bekommen.

KC: ____?

Wim: Die Ursache für den Brand war eine Zigarette.

KC: ____?

Wim: Das Feuer brach im Keller aus. Ah, da kommt Professor Schneider.

KC: Es war Brandstiftung. ________________________________?

Schneider: Ich habe meinen Geschäftsführer im Verdacht.
Er ist der einzige Raucher in der Firma.

KC: Wim, bitte führ Professor Schneider ab.
Er steht unter dem Verdacht der Brandstiftung!

Klarer Fall?! – **Satzglieder erfragen** **Lösung**

Brandstiftung im Textilhaus Schneider

KC: WEM gehört die Firma?

Wim: Die Firma gehört Professor Schneider.

KC: WANN war die Spurensicherung im Gebäude?

Wim: Die Spurensicherung war vorhin im Gebäude. Ich habe hier den Bericht.

KC: WER oder WAS hat bisher den Bericht bekommen?

Wim: Nur wir haben bisher den Bericht bekommen.

KC: WER oder WAS war die Ursache für den Brand?

Wim: Die Ursache für den Brand war eine Zigarette.

KC: WO brach das Feuer aus?

Wim: Das Feuer brach im Keller aus. Ah, da kommt Professor Schneider.

KC: Es war Brandstiftung. WEN oder WAS haben Sie im Verdacht?

Schneider: Ich habe meinen Geschäftsführer im Verdacht.
Er ist der einzige Raucher in der Firma.

KC: Wim, bitte führ Professor Schneider ab.
Er steht unter dem Verdacht der Brandstiftung!

© Verlag an der Ruhr • 45422 Mülheim an der Ruhr • www.verlagruhr.de • ISBN 3-86072-959-4

Handwerkszeug Grammatik: **SATZGLIEDER** 63

Geldtransport

KC: ____?

Wim: Ein Geldtransporter wurde überfallen.

KC: ____?

Wim: Der Überfall fand Ecke Gartenstraße statt.

KC: ____?

Wim: Wir haben bisher niemanden als Zeugen. Auf der Straße war kein Verkehr.

KC: ____?

Wim: Bisher weiß nur Inspektor Schlau von dem Überfall.

KC: ____?

Wim: Wir verdächtigen Charlie Knacker, den berühmten Dieb.

KC: ____?

Wim: Wir können ihn sofort verhören. Dort kommt er!

Charlie: Das ist eine Frechheit! Ich war den ganzen Tag bei meiner Oma – wie sollte ich denn da einen Geldtransporter in der Gartenstraße überfallen?

KC: Sie haben sich gerade verdächtig gemacht ...

Geldtransport

KC: WER oder WAS wurde überfallen?

Wim: Ein Geldtransporter wurde überfallen.

KC: WO fand der Überfall statt?

Wim: Der Überfall fand Ecke Gartenstraße statt.

KC: WEN oder WAS haben wir bisher als Zeugen?

Wim: Wir haben bisher niemanden als Zeugen. Auf der Straße war kein Verkehr.

KC: WER oder WAS weiß bisher von dem Überfall?

Wim: Bisher weiß nur Inspektor Schlau von dem Überfall.

KC: WEN oder WAS verdächtigen wir?

Wim: Wir verdächtigen Charlie Knacker, den berühmten Dieb.

KC: WANN können wir ihn verhören?

Wim: Wir können ihn sofort verhören. Dort kommt er!

Charlie: Das ist eine Frechheit! Ich war den ganzen Tag bei meiner Oma – wie sollte ich denn da einen Geldtransporter in der Gartenstraße überfallen?

KC: Sie haben sich gerade verdächtig gemacht ...

Einbruch in der Apotheke

KC: ____?

Wim: Die Polizisten kamen gerade <u>von einem Einsatz in der Adlerapotheke.</u>

KC: ____?

Wim: Es wurden <u>Medikamente und Geld</u> gestohlen.

KC: ____?

Wim: <u>Die Apothekerin</u> hat den Überfall per Telefon gemeldet.

KC: ____?

Wim: Die Polizisten sind <u>gleich nach dem Anruf</u> losgefahren.

KC: ____?

Wim: Sie haben <u>etwa 10 Minuten</u> bis zur Apotheke gebraucht.

KC: ____?

Wim: Die Apothekerin war <u>an einen Stuhl gefesselt.</u> Sie war außerdem geknebelt.

KC: Wir sollten die Apothekerin verhören. Da ist etwas faul!

Einbruch in der Apotheke

KC: WOHER kamen die Polizisten gerade?

Wim: Die Polizisten kamen gerade von einem Einsatz in der Adlerapotheke.

KC: WER oder WAS wurde gestohlen?

Wim: Es wurden Medikamente und Geld gestohlen.

KC: WER oder WAS hat den Überfall gemeldet?

Wim: Die Apothekerin hat den Überfall per Telefon gemeldet.

KC: WANN sind die Polizisten losgefahren?

Wim: Die Polizisten sind gleich nach dem Anruf losgefahren.

KC: WIE LANGE haben sie bis zur Apotheke gebraucht?

Wim: Sie haben etwa 10 Minuten bis zur Apotheke gebraucht.

KC: WO war die Apothekerin?

Wim: Die Apothekerin war an einen Stuhl gefesselt. Sie war außerdem geknebelt.

KC: Wir sollten die Apothekerin verhören. Da ist etwas faul!

Überfall im Park

KC: ____?

Wim: Die Kollegen von der Stadtwache haben einen Raubüberfall im Park gemeldet.

KC: ____?

Wim: Ein gewisser Helmut Knitter wurde beraubt. Sein Diamantring ist weg.

KC: ____?

Wim: Der Dieb kam von hinten aus dem Gebüsch. Er schlug den Mann nieder.

KC: ____?

Wim: Helmut Knitter fiel sofort in Ohnmacht.

KC: ____?

Wim: Niemand sonst war zu der Zeit im Park. Wir haben keine Zeugen.

KC: ____?

Wim: Wir verdächtigen einen blonden Mann mit Bart.
Helmut Knitter sah, wie er nach dem Überfall weg rannte.

KC: Der Mann ist unschuldig. Hier stimmt etwas nicht!

Überfall im Park

KC: WEN oder WAS haben die Kollegen von der Stadtwache gemeldet?

Wim: Die Kollegen von der Stadtwache haben einen Raubüberfall im Park gemeldet.

KC: WER wurde beraubt?

Wim: Ein gewisser Helmut Knitter wurde beraubt. Sein Diamantring ist weg.

KC: WOHER kam der Dieb?

Wim: Der Dieb kam von hinten aus dem Gebüsch. Er schlug den Mann nieder.

KC: WAS passierte mit Helmut Knitter?

Wim: Helmut Knitter fiel sofort in Ohnmacht.

KC: WER oder WAS war sonst zu der Zeit im Park?

Wim: Niemand sonst war zu der Zeit im Park. Wir haben keine Zeugen.

KC: WEN oder WAS verdächtigen wir?

Wim: Wir verdächtigen einen blonden Mann mit Bart.
Helmut Knitter sah, wie er nach dem Überfall weg rannte.

KC: Der Mann ist unschuldig. Hier stimmt etwas nicht!

© Verlag an der Ruhr • 45422 Mülheim an der Ruhr • www.verlagruhr.de • ISBN 3-86072-959-4

Juwelendiebstahl

KC: ______________________________?

Wim: Ein Juwelendiebstahl wurde gemeldet. Die Juwelen wurden Millionär Schröder gestohlen.

KC: ______________________________?

Wim: Am Sonntag wurde der Einbruch begangen.

KC: ______________________________?

Wim: Wir haben Karl, Otto und Hannes unter Verdacht.

KC: ______________________________?

Wim: Otto war mit seiner Mutter in einem Cafè.

KC: ______________________________

Wim: Karl war zur Tatzeit in der Stadtbücherei.

KC: ______________________________

Wim: Die Schwester liefert das Alibi für Hannes.

KC: Wir haben den Täter sowieso schon gefunden!

Klarer Fall?! – **Satzglieder erfragen** » **Lösung**

© Verlag an der Ruhr • 45422 Mülheim an der Ruhr • www.verlagruhr.de • ISBN 3-86072-959-4

Juwelendiebstahl

KC: WER oder WAS wurde gemeldet?

Wim: Ein Juwelendiebstahl wurde gemeldet. Die Juwelen wurden Millionär Schröder gestohlen.

KC: WANN wurde der Einbruch begangen?

Wim: Am Sonntag wurde der Einbruch begangen.

KC: WEN oder WAS haben wir unter Verdacht?

Wim: Wir haben Karl, Otto und Hannes unter Verdacht.

KC: WO war Otto?

Wim: Otto war mit seiner Mutter in einem Cafè.

KC: WO war Karl zur Tatzeit?

Wim: Karl war zur Tatzeit in der Stadtbücherei.

KC: WER oder WAS liefert das Alibi für Hannes?

Wim: Die Schwester liefert das Alibi für Hannes.

KC: Wir haben den Täter sowieso schon gefunden!

Handwerkszeug Grammatik: **SATZGLIEDER** 67

Literatur- und Internettipps

Literaturtipps

Engelhardt, Anja: **Methoden-Schule Deutsch. Rechtschreibstrategien. Kl. 3–4**
Verlag an der Ruhr, 2004.
ISBN 3-86072-899-7

Gärtner, Hans; Marenbach, Dieter:
Deutsch 4. Klasse. Grammatik: Wort und Satzbau. Mentor-Verlag, 2004.
ISBN 3-580-63773-8

Grabe, Astrid; Mucha, Andrea:
Handwerkszeug Grammatik – Wort und Wortarten. Kl. 2–3
Verlag an der Ruhr, 2005.
ISBN 3-86072-969-1

Grabe, Astrid; Mucha, Andrea:
Schreibhandwerk.Gute Texte schreiben. Grundtechniken. Kl. 3–4
Verlag an der Ruhr, 2003.
ISBN 3-86072-781-8

Grabe, Astrid; Mucha, Andrea:
Schreibhandwerk. Richtige Textformen finden und üben. Kl. 3–4
Verlag an der Ruhr, 2003.
ISBN 3-86072-814-8

Hübner, Aniat: **Endlich verständlich – Deutsch. Grammatik Klassen 3/4. Der Satz.**
Cornelsen/Volk und Wissen, 2001.
ISBN 3-06-106006-5

Olowson, Anke: **Montessori und Sprache. Grammatik zum „Begreifen".**
Verlag modernes lernen, 1997.
ISBN 3-8080-0399-5

Piel, Alexandra: **Sprache(n) lernen mit Methode. 170 Sprachspiele für den Deutsch- und Fremdsprachenunterricht.**
Verlag an der Ruhr, 2002.
ISBN 3-86072-740-0

Zeller, Martin: **Die Wörterbuch-Werkstatt. Kl. 2–4.** Verlag an der Ruhr, 2000.
ISBN 3-86072-493-2

Internettipps

Spiele und Übungen zur Grammatik (Wortarten, Satzbau)
www.grammatikdeutsch.de/html/spiele.html

Lücken-Geschichten
www.kidsville.de/cafe/textspiel/textspiel.htm

www.verlagruhr.de
Da sich Internetadressen schnell verändern können, finden Sie auf unserer Homepage unter dem Titel „Satzglieder" eine stets aktualisierte Linkliste aller Internetadressen aus dieser Mappe.

Verlag an der Ruhr

Jetzt versteh' ich das!

Vom Morgenkreis zum Abschiedslied

Themen- und Methodenübergänge ohne Chaos
5–10 J., 117 S., 16 x 23 cm, Pb.
ISBN 3-86072-968-3
Best.-Nr. 2968
13,50 € (D)/ 13,90 € (A)/23,60 CHF

Orientierung ohne Worte

Bildkarten für Stundenplan und Tagesablauf
Kl. 1–4, 46 S., A5 quer,
ISBN 3-86072-956-X
Best.-Nr. 2956
16,50 € (D)/17,– € (A)/28,90 CHF

55 Fünf-Minuten-Matheübungen

Kl. 1–4, 65 S., A5, Pb.
ISBN 3-86072-940-3
Best.-Nr. 2940
8,– € (D)/8,25 € (A)/14,30 CHF

Abenteuerliche Mathegeschichten – Klasse 4

Paket: Abenteuerliche Mathegeschichten – Klasse 4

Kl. 4, 4 Hefte, A5, je Heft 34 S.
ISBN 3-86072-951-9
Best.-Nr. 2951
13,30 € (D)/13,70 € (A)/23,30 CHF

Im Land der Hexen und Kobolde

ISBN 3-86072-949-7
Best.-Nr. 2949
3,60 € (D)/3,70 € (A)/6,50 CHF

Die verlassene Insel

ISBN 3-86072-947-0
Best.-Nr. 2947
3,60 € (D)/3,70 € (A)/6,50 CHF

Ein merkwürdiger Flug

ISBN 3-86072-948-9
Best.-Nr. 2948
3,60 € (D)/3,70 € (A)/6,50 CHF

Reise ins Mittelalter

ISBN 3-86072-950-0
Best.-Nr. 2950
3,60 € (D)/3,70 € (A)/6,50 CHF

Viel zu tun rund ums Huhn

Eine Werkstatt.
Mit Extrateil Ostern
Kl. 1–4, 68 S., A4, Papph.
ISBN 3-86072-967-5
Best.-Nr. 2967
18,50 € (D)/19,– € (A)/32,40 CHF

Die Bauernhof-Werkstatt

Arbeiten mit den Jahreszeiten
Kl. 1–2, 75 S., A4, Papph.
ISBN 3-86072-898-9
Best.-Nr. 2898
19,50 € (D)/20,– € (A)/34,20 CHF

Mehr unter www.verlagruhr.de

Bayern

Eine Werkstatt
Kl. 3–4, 69 S., A4, Papph.
ISBN 3-86072-895-4
Best.-Nr. 2895
19,50 € (D)/20,– € (A)/34,20 CHF

Das Ruhrgebiet

Eine Werkstatt
Kl. 3–5, 69 S., A4, Papph.
ISBN 3-86072-897-0
Best.-Nr. 2897
19,50 € (D)/20,– € (A)/34,20 CHF

Leben und Kunst in der Steinzeit

Eine Werkstatt
Kl. 3–4, 60 S., A4, Papph.
ISBN 3-86072-929-2
Best.-Nr. 2929
18,– € (D)/18,50 € (A)/31,50 CHF

Schwungübungen mit Punkt-Mandalas

6–8 J., 40 S., A4, Heft
ISBN 3-86072-960-8
Best.-Nr. 2960
13,– € (D)/13,40 € (A)/22,80 CHF

So war es im Mittelalter

Eine Werkstatt
Kl. 3–4, 71 S., A4, Papph.
ISBN 3-86072-843-1
Best.-Nr. 2843
19,50 € (D)/20,– € (A)/34,20 CHF

Informationen und Beispielseiten unter www.verlagruhr.de
Verlag an der Ruhr • Postfach 10 22 51
45472 Mülheim an der Ruhr • Tel.: 0208/49 50 40

Jetzt versteh' ich das!

Verlag an der Ruhr

Literatur-Werkstatt:
„Die kleine Raupe Nimmersatt"
Kl. 1–2, 55 S., A4, Papph.
ISBN 3-86072-955-1
Best.-Nr. 2955
17,– € (D)/
17,50 € (A)/29,80 CHF

Literatur-Werkstatt:
„Freunde"
Kl. 1–2, 50 S., A4, Papph.
ISBN 3-86072-907-1
Best.-Nr. 2907
17,– € (D)/
17,50 € (A)/29,80 CHF

Literatur-Kartei:
„Der überaus starke Willibald"
Kl. 3–4, 66 S., A4, Papph.
ISBN 3-86072-905-5
Best.-Nr. 2905
18,50 € (D)/19,– € (A)/32,40 CHF

Das Portfolio-Buch für Kindergarten und Grundschule
4–10 J., 139 S., A4, Pb.
ISBN 3-86072-943-8
Best.-Nr. 2943
19,50 € (D)/20,– € (A)/34,20 CHF

Mus-e Edition –
Künstler für Kinder
Das bin ich!
Bildnerisches Gestalten
mit Kindern
6–10 J., 100 S., 19,6 x 29,7 cm,
Pb., vierfarbig
ISBN 3-86072-942-X
Best.-Nr. 2942
19,50 € (D)/20,– € (A)/34,20 CHF

Mus-e Edition –
Künstler für Kinder
So seh ich das!
Bildnerisches Gestalten
mit Kindern
6–10 J., 100 S., 19,6 x 29,7 cm,
Pb., vierfarbig
ISBN 3-86072-965-9
Best.-Nr. 2965
19,50 € (D)/20,– € (A)/34,20 CHF

Sport und Spiel mit Alltagsmaterial
630 Trainingsideen für Gruppe, Freizeit und Schule
Für alle Altersstufen, 280 S.,
16 x 23 cm, Pb.
ISBN 3-86072-987-X
Best.-Nr. 2987
18,– € (D)/18,50 € (A)/31,50 CHF

Schön präsentieren mit Mini-Büchern
30 Gestaltungsideen für Arbeitsergebnisse
Kl. 1–4, 62 S., A4, Pb. (mit vierf. Abb.)
ISBN 3-86072-887-3
Best.-Nr. 2887
18,– € (D)/18,50 € (A)/31,50 CHF

Symbole im Religionsunterricht
Licht und Lichtblicke
Kl. 2–4, 64 S., A4, Papph.
ISBN 3-86072-903-9
Best.-Nr. 2903
18,60 € (D)/19,15 € (A)/32,60 CHF

Kinder verstehen Gleichnisse
Ein handlungsorientierter Zugang
Kl. 3–4, 63 S., A4, Papph.
ISBN 3-86072-904-7
Best.-Nr. 2904
18,60 € (D)/19,15 € (A)/32,60 CHF

Wasserspielspaß
Spielen am, im und mit Wasser
3–10 J., 137 S., 16 x 23 cm, Pb.
ISBN 3-86072-795-8
Best.-Nr. 2795
12,80 € (D)/13,15 € (A)/22,40 CHF

Hauen ist doof
160 Spiele gegen Aggression in Kindergruppen
3–9 J., 200 S., 16 x 23 cm, Pb.
ISBN 3-86072-953-5
Best.-Nr. 2953
16,– € (D)/16,45 € (A)/28,– CHF

Informationen und Beispielseiten unter www.verlagruhr.de
Verlag an der Ruhr • Postfach 10 22 51
45472 Mülheim an der Ruhr • Tel.: 0208/49 50 40